VORWORT

Betriebswirte müssen einen klaren Überblick über die Kosten des Unternehmens haben. Das Instrumentarium hierzu bietet die Kosten- und Leistungsrechnung. Sie schafft Transparenz dahingehend, welche Kosten angefallen sind, wo sie angefallen sind und für was sie angefallen sind. Die Kosten- und Leistungsrechnung ist Grundlage dafür, dass die Kosten verursachungsgerecht zugeordnet werden können, damit Preise kalkuliert werden können, die dieser Verursachung auch tatsächlich entsprechen.

Die Kosten- und Leistungsrechnung ist damit eines der Kerngebiete der Betriebswirtschaftslehre, denn sie liefert Informationen, die für die Steuerung eines Unternehmens unabdingbar sind.

Die Kosten- und Leistungsrechnung (KLR) wird von Studierenden als eines der „schwierigeren" Fächer der BWL wahrgenommen, da z.B. vielerlei Berechnungen notwendig sind, um eine Fallstudie zu lösen. Von einem mathematischen Gesichtspunkt aus betrachtet, geht der Lernstoff allerdings nicht über Prozentrechnung und Arithmetik hinaus, die Schwierigkeit liegt eher darin, eine Vielzahl von Daten miteinander zu verknüpfen. Aus diesem Grund sind im Buch zahlreiche Übungsaufgaben und Beispiele angeführt, denn allein durch Theorie werden Sie den Stoff nicht verstehen. Eine Besonderheit stellen die sog. Lernaufgaben dar. Sie sind als Beispiel formuliert, doch Sie den Lösungsweg studieren, sollen Sie erste Lösungsansätze selbst versuchen. Denn auch für die KLR gilt: „Practice makes perfect!"

Clemens Kaesler

Frankenthal Januar 2017

INHALTSVERZEICHNIS

1. GRUNDLAGEN DER KOSTENRECHNUNG 4
   1.1 Übergang von der Geschäftsbuchführung zur Kosten- und Leistungsrechnung 4
   1.2 Aufgaben der Kosten- und Leistungsrechnung 6
      1.2.1 Aufgabenbereiche der Kosten- und Leistungsrechnung........................... 6
      1.2.2 Zweck der Kosten- und Leistungsrechnung 7
   1.3 Begriffspaare der KLR.. 7
      1.3.1 Einzahlungen und Auszahlungen 8
      1.3.2 Einnahmen und Ausgaben 8
      1.3.3 Ertrag und Aufwand.. 9
      1.3.4. Leistungen und Kosten 10
      1.3.5 Abgrenzung der Begriffspaare Aufwand/Ertrag Kosten/Leistungen 10
   1.4 Weitere Kostenbegriffe 12
   1.5 Prinzipien der Kostenrechnung 13
      1.5.1 Verursachungsprinzip... 13
      1.5.2 Durchschnittsprinzip... 13
WISSENSFRAGEN ZU KAPITEL 1..14

2. KOSTENRECHNUNGSSYSTEME 16
   2.1 Kostenrechnungssysteme nach dem Zeitbezug.. 16
      2.1.1 Die Istkostenrechnung.. 16
      2.1.2 Die Normalkostenrechnung.. 16
      2.1.3 Die Plankostenrechnung... 17
   2.2 Einteilung nach der Kostenverrechnung 17
      2.2.1 Die Vollkostenrechnung.. 17
      2.2.2 Die Teilkostenrechnung 18
   2.3 Zusammenfassung der Ausgestaltung 19
   2.4 Ausgestaltung der KLR... 20
      2.4.1 Die Kostenartenrechnung 20
      2.4.2 Die Kostenstellenrechnung... 21
      2.4.3 Die Kostenträgerrechnung 21
WISSENSFRAGEN ZU KAPITEL 2..22

3. DIE VOLLKOSTENRECHNUNG..23
   3.1 Die Kostenartenrechnung in der Vollkostenrechnung 23
      3.1.1 Ziele und Aufgaben 23
      3.1.2 Die Erfassung und Einteilung der Kosten 23
         3.1.2.1 Einteilung der Kosten nach der Abhängigkeit von der Beschäftigung 24
         3.1.2.2 Einteilung der Kosten nach den Möglichkeiten der Zurechnung zu
         Kostenträgern..24
         3.1.2.3 Einteilung der Kosten nach den betrieblichen Funktionsbereichen 25
WISSENSFRAGEN ZU KAPITEL 3.1...31
ÜBUNGSAUFGABEN ZU KAPITEL 3.1 31

   3.2 Die Kostenstellenrechnung in der Vollkostenrechnung 33
      3.2.1 Ziele und Aufgaben 33
      3.2.2 Bildung und Arten von Kostenstellen 33
   3.3 Die Durchführung der Kostenstellenrechnung 35
      3.3.1 Der einstufige Betriebsabrechnungsbogen.. 35

3.3.2 Der mehrstufige BAB *36*
WISSENSFRAGEN ZU 3.2 UND 3.3 .... **37**
ÜBUNGSAUFGABEN ZU KAP. 3.2 UND 3.3 .... **37**

3.4 DIE KOSTENTRÄGERRECHNUNG IM VOLLKOSTENSYSTEM 38
3.4.1 Die Divisionskalkulation *38*
3.4.1.1 Die Preisermittlung bei der Divisionskalkulation *40*
3.4.3 Kalkulation auf Basis der Normalkosten *41*
3.4.4 Vergleich der Normalkosten mit den Ist-Kosten *43*
3.4.5 Plan-Kostenrechnung in der Vollkostenrechnung bei Fitness-Centern ... *44*

WISSENSFRAGEN ZU KAPITEL 3.4 .... **45**
ÜBUNGSAUFGABEN ZU KAPITEL 3.4 .... **46**

4. DIE KOSTENTRÄGERSTÜCKRECHNUNG IM SPORTHANDEL 48
4.1 DIE PROGRESSIVE ANGEBOTSKALKULATION DES HANDELS 48
4.2 DIE RETROGRADE ANGEBOTSKALKULATION 51
4.3 DIE DIFFERENZKALKULATION 53

WISSENSFRAGEN ZU KAPITEL 4 .... **55**
ÜBUNGSAUFGABEN ZU KAPITEL 4 .... **55**

5. DIE TEILKOSTENRECHNUNG 56
5.1 DER ZWECK DER TEILKOSTENRECHNUNG 56
5.2 DIE DECKUNGSBEITRAGSRECHNUNG 57
5.2.1 Die einstufige Deckungsbeitragsrechnung *57*
5.2.1.1 Die Kostenartenrechnung in der Teilkostenrechnung *58*
5.2.1.2 Die Kostenstellenrechnung in der Teilkostenrechnung *58*
5.2.1.3 Die Kostenträgerrechnung in der Teilkostenrechnung *58*
5.2.1.4 Die Kostenträgerzeitrechnung in der Teilkostenrechnung *59*
5.2.1.5 Kostenträgerstückrechnung *61*
5.2.2 Die mehrstufige Deckungsbeitragsrechnung *62*
5.3 ANWENDUNG DER TEILKOSTENRECHNUNG 65
5.3.1 Die Break-Even–Analyse *65*
5.3.2. Preisuntergrenzen *67*
5.3.3 Eigenfertigung / Fremdbezug (Make or Buy) *68*
5.3.4 Erweiterungsinvestitionen *70*

WISSENSFRAGEN ZU KAPITEL 5: **71**
ÜBUNGSAUFGABEN ZU KAPITEL 5: **72**

- LÖSUNGEN - **74**

Herstellung und Verlag:
BoD - Books on Demand, Norderstedt
ISBN 978-3-7431-6811-4

1. Grundlagen der Kostenrechnung

1.1 Übergang von der Geschäftsbuchführung zur Kosten- und Leistungsrechnung

Anders als bei der Geschäftsbuchführung begründet sich die die Kosten- und Leistungsrechnung (KLR) nicht durch gesetzlichen Vorgaben. Weder gibt es gesetzliche Regelungen zu „Grundsätzen ordnungsgemäßer Kostenrechnung" analog der Buchführungsgrundsätze noch beinhaltet das BGB Vorschriften, wie ein Unternehmen seine Kosten näher bestimmen und Planungen für zukünftige Kostenentwicklungen vorzunehmen hat.

Der Bedarf der **Kosten- und Leistungsrechnung** ergibt sich vielmehr aus der Tatsache, dass Unternehmen die Notwendigkeit erkannt haben, ihre Kosten im Blick zu haben, diese verursachungsgemäß zuzuordnen und dadurch einen realistischen und rentablen Preis am Markt zu erzielen. Das Erwirtschaften von Gewinn als unternehmerisches Ziel kann besser verfolgt werden, wenn der Unternehmer weiß, wo die Kosten entstehen und wie unnötige Kosten umgangen werden können. Die **Geschäftsbuchführung** widmet sich wiederum den externen Adressaten und gibt diesen Informationen über die Vermögens-, Finanz- und Ertragslage.

Wesentliche Unterscheidungskriterien zwischen der Geschäfts- und Betriebsbuchführung sind die unterschiedlichen Zielsetzungen und Betrachtungsobjekte. Die folgende Darstellung zeigt die Einordnung des externen Rechnungswesens (der Buchführung) und der Kosten- und Leistungsrechnung im Unternehmen.

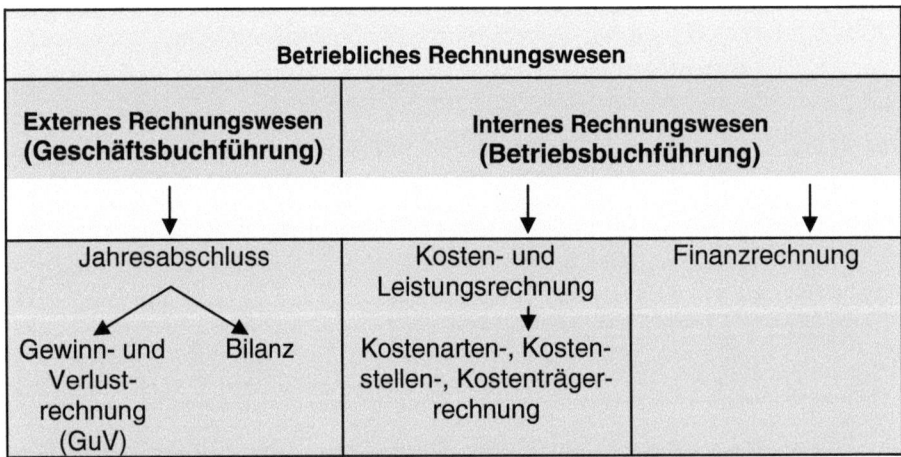

Wie der Begriff schon deutlich macht, wendet sich das **externe Rechnungswesen** hauptsächlich an Adressaten außerhalb des Unternehmens. Hier finden rechtliche Vorgaben, z.B. aus dem Handelsgesetzbuch, ihre Anwendung. Über den Jahresabschluss werden Daten aus dem Jahresablauf des Unternehmens gezeigt. Den Adressaten soll ein, den tatsächlichen Verhältnissen entsprechendes Bild der Vermögens-, Finanz- und Ertragslage des Unternehmens vermittelt werden. Die in der GuV dargestellten Erträge und Aufwendungen spiegeln den in der Betrachtungsperiode erzielten Erfolg wider (Zeitraumbetrachtung), während die Bilanz die Vermögenssituation zum Bilanzstichtag darstellt (Stichtagsbetrachtung).

Das interne Rechungswesen bildet die Grundlage für unternehmerische Entscheidungen. Die im externen Rechnungswesen ermittelten Daten bieten keine ausreichende Informationsbasis.

Deshalb müssen für interne Adressaten (z.B. Geschäftsführung) andere Schwerpunkte gewählt werden. In der Kosten- und Leistungsrechnung werden die entstandenen Kosten und Leistungen verrechnet – hier liegt der Schwerpunkt damit auf der Ermittlung und Überwachung von Kosten.

Hier finden Sie noch einmal die Unterschiede zwischen Geschäftsbuchführung und Kosten-Leistungsrechnung im Überblick:

Geschäftsbuchführung	Kosten- und Leistungsrechnung
Interne Zwecke - Erfassung aller Geschäftsvorfälle - Ermittlung von Vermögen und Schulden - Erfolgsermittlung - Kontrollinstrument - Grundlage der Kosten- und Leistungsrechnung **Externe Zwecke/Adressaten** - Auskunftsmittel für Investoren und Mitarbeiter - Beweismittel für steuerliche Zwecke sowie zur Erfüllung gesetzlicher Vorgaben (z.B. HGB).	**Interne Zwecke** - Erfassung aller entstandenen betrieblichen Kosten und der resultierenden Leistungen - Verursachungsgerechte Zuordnung der Kosten - Grundlage für Kalkulation von Preisen am Markt - Wirtschaftlichkeitskontrolle **Externe Zwecke/Adressaten** - Bei der Kosten- und Leistungsrechnung wird nicht in interne oder externe Adressaten unterschieden, da die Informationen nur für den Betrieb selbst relevant sind.

In der Unterscheidung von Buchführung und Kosten- und Leistungsrechnung ist von verschiedenen Begriffen wie Kosten oder Aufwand die Rede. Auch wenn diese im Sprachgebrauch oft synonym verwendet werden, haben sie im betrieblichen Rechnungswesen verschiedene Bedeutungen. Diese werden im Verlauf dieses Lehrbuchs noch ausführlicher betrachtet, zum Überblick sollen sie hier aber kurz erläutert werden.

Als **Aufwand** wird der gesamte Werteverzehr einer Periode für Güter und Dienstleistungen bezeichnet, unabhängig davon, ob er zur Erfüllung des Betriebszweckes entstanden ist oder nicht

Als **Ertrag** wird der Wertzuwachs eines Unternehmens für eine Abrechnungsperiode betrachtet. Auch hier ist es unerheblich, ob der Wertzuwachs zur Erfüllung des Betriebszweckes entstanden ist oder nicht.

Kosten sind der wertmäßige Verzehr von Produktionsfaktoren (z.B. Kabel) zur Leistungserstellung und Leistungsverwertung sowie zur Sicherung der dafür notwendigen betrieblichen Kapazitäten.

Leistungen sind das Ergebnis der betrieblichen Tätigkeit – damit werden die in Erfüllung des Betriebszweckes erstellten Güter und Dienstleistungen bezeichnet.

1.2 Aufgaben der Kosten- und Leistungsrechnung

1.2.1 Aufgabenbereiche der Kosten- und Leistungsrechnung

Die Aufgaben der **Kosten- und Leistungsrechnung** lassen sich in folgende Bereiche einteilen:
- Dokumentation
- Planung
- Kontrolle

Wie schon zu Beginn des Kapitels angesprochen, bestehen keine gesetzlichen Vorgaben für die Kostenrechnung. Trotzdem ist die **Dokumentation** der entstandenen Umsätze und Kosten für das Unternehmen von Nutzen: die vergangenheitsorientierten Zahlen werden hier festgehalten und können dann mit der ursprünglichen Planung verglichen werden. Daraus lassen sich Ansätze zur Verbesserung und Optimierung ableiten. Durch die **Planung** werden Prognosen und Entscheidungen ermöglicht und unterstützt. Es handelt sich hier um die zukunftsorientierte Darstellung reiner Soll-Zahlen.
Über die **Kontrolle** werden letztendlich die geplanten mit den tatsächlichen Kosten verglichen. Nur so kann erreicht werden, dass Fehler bemerkt werden. Damit können für die Zukunft Abweichungen vermieden und die Unternehmenszahlen langfristig verbessert werden.
Die drei Aufgabenbereiche dürfen allerdings nicht separat betrachtet werden, da vielfältige Wechselbeziehungen bestehen. So ist eine Planung nicht sinnvoll, wenn nach Ablauf des Planungszeitraums keine Kontrolle erfolgt – umgekehrt ist eine Kontrolle nicht möglich, wenn vorher keine Planung stattgefunden hat.

Die durch die verschiedenen Aufgabenbereiche ermittelten Daten gelten u.a. als Grundlage für die Preispolitik eines Unternehmens und die daraus folgende Preisbestimmung der Produkte und Dienstleistungen. Jedes Unternehmen muss für jedes seiner Produkte und Dienstleistungen prüfen, welcher Preis am Markt durch Angebot und Nachfrage erzielt werden kann und ob mit diesem Preis die Kosten der Herstellung gedeckt werden können. Zudem soll das Unternehmen mit dem Preis auch noch Gewinn erzielen können. Deshalb ist es wichtig, den Preis zu ermitteln, bei dem das Produkt noch verkauft werden kann, um zu wissen, bis zu welchem Preis ein Auftrag angenommen werden kann.

1.2.2 Zweck der Kosten- und Leistungsrechnung

Der Zweck der Kosten- und Leistungsrechnung lässt sich folgendermaßen zusammenfassen:

Ermittlung des Betriebsergebnisses:
Für den Unternehmer ist die Erfolgsermittlung der Geschäftsbuchführung nicht ausreichend. Für die unternehmerischen Grundlagen muss er auch wissen, welchen Anteil am Ergebnis die einzelnen Produkte des Unternehmens jeweils haben. Für diese Informationen greift er auf die Kosten- und Leistungsrechnung zurück.

Unterlagen für die Kalkulation:
Der Unternehmer muss seine Preisfestlegung sinnvoll gestalten. Allein aufgrund des Jahresabschlusses des Unternehmens wird nicht ersichtlich, ob ein neuer Auftrag noch angenommen werden kann.

Bewertung der Vorräte:
Im Jahresabschluss ist die Menge der vorhandenen Güter ablesbar, die mithilfe der Inventur ermittelt und die anhand gesetzlicher Vorgaben bewertet wurde. Dieser Ansatz reicht für Kalkulationszwecke nicht aus und muss dementsprechend durch die Kosten- und Leistungsrechnung aussagekräftiger dargestellt werden.

Wirtschaftlichkeitskontrolle:
Wie bereits unter dem Aufgabengebiet „Kontrolle" erklärt wird, muss regelmäßig geprüft werden, ob die Planvorgaben erfüllt sind. Falls dies nicht der Fall ist, kann durch die Kontrolle der Kosten ermittelt werden, wo eine Fehlplanung besteht und an welcher Stelle somit Kosten gesenkt werden müssen. Nur so kann ein Unternehmen auf Dauer wirtschaftlich arbeiten.

1.3 Begriffspaare der KLR

Die Betriebswirtschaftslehre hat zur Bezeichnung der vom betrieblichen Rechnungswesen erfassten Zahlungs- und Leistungsströme eine eigene Terminologie entwickelt. Bei den folgenden Begriffspaaren handelt es sich um Größen, durch deren gegenseitige Verrechnung Ergebnisse ermittelt werden, die unterschiedliche Aussagen über die Situation des Unternehmens zulassen.

Begriffspaar	Ergebnis
Auszahlungen/Einzahlungen	*Zahlungssaldo*
Ausgaben/Einnahmen	*Finanzsaldo*
Aufwand/Ertrag	*Jahresüberschuss*
Kosten/Leistungen	*Betriebsergebnis*

1.3.1 Einzahlungen und Auszahlungen

Als Einzahlung bezeichnet man den Zugang von liquiden Mitteln (also Bar- oder Buchgeld). Von Auszahlungen wird gesprochen, wenn dem Unternehmen liquide Mittel abgehen. Unter der Bezeichnung liquide Mittel werden Kassenbestände sowie Bank- oder Postgiroguthaben zusammengefasst. Bei Einzahlungen kommt es also zu einer Vermehrung, bei Auszahlungen kommt es zu einer Verminderung des Bar- oder Buchgeldbestandes.

> **Einzahlung = Zugang von Bar- und Buchgeld**
> **Auszahlung = Abgang von Bar- und Buchgeld**

Beispiele:
Barentnahme:
- Einzelhändler Pech entnimmt der Ladenkasse 100,- , um mit seiner Frau Essen zu gehen.

Barkauf:
- Bei der Sporthandels AG wird eine Warenlieferung bar bezahlt.

Vorauszahlung:
- Bei der Sporthandels AG leistet ein Kunde auf eine Bestellung eine Anzahlung i.H.v. 10.000,- .

Tilgung:
Dank der guten Geschäftslage kann die Sporthandels AG einem Kreditgeber 500.000,- als Sondertilgung zurückzahlen. Das Geld wird vom Geschäftskonto überwiesen.

> **Die Differenz von Ein- und Auszahlungen wird als Zahlungssaldo (Zahlungsüberschuss) bezeichnet.**

1.3.2 Einnahmen und Ausgaben

Einnahmen sind der Wert der veräußerten Güter. Einnahmen umfassen alle Einzahlungen, gehen darüber jedoch noch hinaus. Zusätzlich zu allen Zahlungseingängen werden auch alle Vorgänge erfasst, bei denen das Unternehmen die Leistung schon geliefert, das Geld jedoch noch nicht erhalten hat (Folge: Forderungen erhöhen sich). Ausgaben sind der Wert aller zugegangenen Güter. Die Ausgaben enthalten alle Auszahlungen, zusätzlich sind noch alle Vorgänge erfasst, bei denen Güter und Dienstleistungen auf Kredit gekauft wurden (Verbindlichkeiten erhöhen sich).

> **Einnahme = Wert aller veräußerten Güter**
>
> **Ausgabe = Wert aller zugegangenen Güter**
>
> **Die Differenz von Einnahmen und Ausgaben heißt Finanzsaldo!**

Beispiele:
Einnahme, aber keine Einzahlung:
Die Sporthandels AG verkauft 100 Rudermaschinen „auf Ziel", d.h. die Ware wird geliefert, der Kunde bezahlt die Rechnung aber erst später. Der Verkauf der Rudermaschinen steigert die Umsatzerlöse des Unternehmens, obwohl noch keine Mittel dem Unternehmen zugeflossen sind. Der Verkauf stellt somit eine Einnahme, aber keine Einzahlung dar.

Ertrag, aber keine Einnahme:
Die Sporthandels AG erhält von einem Großkunden ein Lieferwagen geschenkt.

Ausgabe = Auszahlung:
Bargeld in Höhe von 400,- wird aus der Unternehmenskasse entnommen, mit diesem Geld wird Büromaterial gekauft.

Ausgabe, aber keine Auszahlung:
Wareneinkauf auf Ziel (d.h. Bezahlung erfolgt erst später) in Höhe von 3500,- . Die Zahlungsmittelbestände und die sonstigen Forderungen ändern sich nicht. Die Verbindlichkeiten erhöhen sich, das Geldvermögen reduziert sich in der Höhe der Zunahme der Verbindlichkeiten.

1.3.3 Ertrag und Aufwand

Beide Begriffe sind durch das Handels- und Steuerrecht festgelegt. Erträge sind die mit den Einnahmen bewertete Güterentstehung, sie umfassen alle Erhöhungen des Eigenkapitals. Aufwendungen liegen immer dann vor, wenn das betriebliche Vermögen in irgendeiner Weise gemindert wird. Die Höhe der Aufwendungen ist mit den Anschaffungs-ausgaben zu bewerten. Die Feststellung der Erträge und Aufwendungen ist periodenbezogen.

Aufwand = der in einer Rechnungsperiode verrechnete Wert der verbrauchten Güter, Dienstleistungen und des sonstigen Wertverzehrs

Ertrag = der in einer Rechnungsperiode verrechnete Wert der erzeugten Güter, erbrachten Dienstleistungen und des sonstigen Wertzuwachses

Die Differenz von Erträgen und Aufwendungen für ein Geschäftsjahr ist der Jahresüberschuss, der im handelsrechtlichen Jahresabschluss festgestellt wird.

Beispiele:
Einnahme, aber kein Ertrag:
Verkauf einer Fertigungsmaschine zum Buchwert von 10.000,- . Der Verkauf stellt zwar eine Einnahme in Höhe von 10.000,- dar (Erhöhung des Umlaufvermögens), das Betriebsvermögen des Unternehmens hat sich jedoch nicht erhöht, da der Wert des Anlagevermögens um 10.000,- gesunken ist.

Auszahlung, aber kein Aufwand:
Die Sporthandels AG kauft einen Lieferwagen, der 20.000,- kostet. Der Lieferwagen gehört ab sofort zum Sachvermögen und wird in der

Finanzbuchhaltung zu den Anschaffungskosten angesetzt. Dabei spielen die Art und der Zeitpunkt der Bezahlung keine Rolle.

1.3.4. Leistungen und Kosten

Als Kosten bezeichnet man den Wert aller in einer Abrechnungsperiode für die Erstellung der betrieblichen Leistungen eingesetzten Sachgüter und Dienstleistungen. Im Folgenden soll der wertmäßige Kosten- und Leistungsbegriff zugrunde gelegt werden. Er ist durch drei Merkmale gekennzeichnet:

- Mengenmäßiger Verbrauch (bzw. mengenmäßige Entstehung);
- Güterverbrauch ist sachzielbezogen;
- Bewertung des sachzielbezogenen Güterverbrauchs (bzw. der Güterentstehung).

Eine in Geldbeträgen ausgedrückte Bewertung des Güterverzehrs und der Güterentstehung ist notwendig, um unterschiedliche Güterarten vergleichbar zu machen. Kosten setzen sich damit aus einer Mengen- und einer Wertkomponente zusammen.
Die Mengenkomponente entspricht der Zahl der verzehrten Mengeneinheit des jeweiligen Gutes. Als Wertkomponente wird die geldmäßige Bewertung einer Mengeneinheit verstanden. Sachzielbezogenheit meint, dass der Güterverbrauch bzw. die Güterentstehung durch den normalen Produktionsablauf entstehen muss.

Somit ergeben sich folgende Definitionen:

> **Kosten = bewerteter, sachzielbezogener Güterverbrauch**
>
> **Leistung = bewertete, sachzielbezogene Güterentstehung**

1.3.5 Abgrenzung der Begriffspaare Aufwand/Ertrag und Kosten/Leistungen

Aufwand und Ertrag sind Begriffe des externen Rechnungswesens, während Kosten und Leistungen Begriffe des internen Rechnungswesens sind. Die Adressaten des externen Rechnungswesens sind primär unternehmensexterne Personen oder Institutionen (wie. z.B. Aktionäre, Banken, Lieferanten, Fiskus etc.). Das interne Rechnungswesen hat primär unternehmensinterne Adressaten und somit eine andere Zielsetzung. Hier geht es um die möglichst verursachungsgerechte und genaue Erfassung aller Prozesse, die einen Wertzuwachs oder eine Wertabnahme für das Unternehmensvermögen bedeuten.

Kosten stimmen dann mit dem Aufwand überein, wenn keine rechtlichen oder betriebswirtschaftlichen Gründe einer identischen Bewertung widersprechen. So sind zum Beispiel die Lohnkosten der Kostenrechnung meist mit dem Lohnaufwand der Geschäftsbuchhaltung identisch.

Stimmen Kosten mit dem Aufwand überein, spricht man von Grundkosten. Stehen den Kosten Aufwendungen in einer anderen Höhe gegenüber, bezeichnet man diese als Anderskosten (z.B. kalkulatorische Abschreibung vs. bilanzielle Abschreibung).

Bei Kosten, denen überhaupt kein Aufwand gegenübersteht, spricht man von Zusatzkosten (z.B. kalkulatorischer Unternehmerlohn, kalkulatorische Miete). Die Berechnung von Anderskosten oder Zusatzkosten dient dazu, die Genauigkeit der Kosten- und Leistungsrechnung zu erhöhen.

Im Gegenzug gibt es auch Aufwendungen, denen keine Kosten gegenüberstehen. Kosten sind immer auf den Leistungsprozess (den Unternehmenszweck) bezogen. Aufwendungen, die nicht mit dem eigentlichen Unternehmenszweck zu tun haben, werden als neutraler Aufwand bezeichnet. Der neutrale Aufwand mindert zwar auch das Betriebsvermögen wird jedoch in der Kostenrechnung nicht erfasst. Dieser Aufwand wird deshalb als neutral bezeichnet, da er mit der momentanen Leistungserstellung nichts zu tun hat. Neutraler Aufwand ist periodenfremd, betriebsfremd oder außerordentlich.

Grundkosten = Kosten stimmen mit dem Aufwand überein

Anderskosten = Kosten stehen Aufwendungen in einer anderen Höhe gegenüber

Zusatzkosten = Den Kosten steht überhaupt kein Aufwand gegenüber

Neutraler Aufwand = Keine Kosten, der Aufwand vermindert jedoch das Betriebsvermögen

Beispiele:
Periodenfremder Aufwand:
Gewerbesteuernachzahlung für das vergangene Geschäftsjahr.
Betriebsfremder Aufwand:
Geldspende an das rote Kreuz.

Außerordentlicher Aufwand:
Besondere Schadensfälle durch Feuer oder Einbruch etc.

Grundkosten:
Ein Schreiner kauft 5 Festmeter (m^3) Buchenholz zu 70,- /m^3 die zur Herstellung von Kleiderschränken voll in die Produktion eingehen. Für die Kalkulation in der Kostenrechnung werden die 70,- /m^3 verrechnet, es sind somit Kosten in Höhe von 350,- angefallen. Die Geschäftsbuchhaltung erfasst die Lieferung des Holzes (Ausgabe), die Bezahlung des Holzes (Auszahlung) und den Verbrauch des Holzes (Aufwand) mit 350,- . Aufwand und Kosten sind somit gleich. Die Grundkosten entsprechen somit dem Zweckaufwand.

Anderskosten:
Die Schreinerei schafft sich eine Sägemaschine für 4.000,- an. Man geht von einer Nutzungsdauer von 4 Jahren aus. Es wird damit gerechnet, dass der Wiederbeschaffungspreis einer gleichwertigen Maschine in 4 Jahren 6.000,- betragen wird. In der GuV ist nur eine Abschreibung zu den Anschaffungskosten (§ 253 HGB) zugelassen. In der Kostenrechnung geht man davon aus, dass mit den Produkten, die heute produziert werden, das

Geld für die Wiederbeschaffung der Maschine verdient werden muss. Somit sind die Kosten bezüglich der Abnutzung der Maschine meist höher als der Aufwand (die bilanzielle Abschreibung).

Zusatzkosten:
Ein kalkulatorischer Unternehmerlohn ist bei Einzelunternehmen und Personengesellschaften für mitarbeitende Inhaber bzw. Gesellschafter anzusetzen, weil in diesen Fällen kein Geschäftsführer- oder Vorstandsgehalt (wie etwa bei Kapitalgesellschaften, z.B. Aktiengesellschaft, GmbH) gezahlt wird. Die Höhe des kalkulatorischen Unternehmerlohns richtet sich häufig nach den üblichen Gehältern gleich befähigter Führungskräfte, kann jedoch nicht als Aufwand in der GuV geltend gemacht werden.

1.4 Weitere Kostenbegriffe

Im Folgenden werden noch weitere wichtige Kostenbegriffe der KLR vorgestellt, die für das grundlegende Verständnis der KLR notwendig sind:

Variable Kosten:
Variable Kosten sind Kosten, die direkt von der Produktionsmenge abhängig sind. Steigt das Produktionsvolumen, so steigen auch die variablen Kosten, sinkt das Produktionsvolumen, so sinken auch die variablen Kosten. Es besteht eine direkte Proportionalität zwischen den Kosten und der Produktionsmenge.

Fixe Kosten:
Fixe Kosten sind von der Produktionsmenge unabhängig. Sie fallen an, selbst wenn überhaupt nicht produziert wird. Typische fixe Kosten sind z.B. Miete, Gehalt des Geschäftsführers, Lizenzgebühren etc..

Nutzkosten:
Nutzkosten sind die Kosten, die in der Produktion tatsächlich benötigt, um zu produzieren. Von den Nutzkosten grenzt sich der Begriff der Leerkosten ab.

Zielkosten:
Bei den Zielkosten handelt es sich um eine durch das Marketing vorgegebene Größe, die aussagt, was ein Produkt höchstens kosten darf, damit es am Markt noch abgesetzt werden kann.

Plankosten:
Dies sind die Kosten, die für eine Abrechnungsperiode im Voraus geplant werden.

Vollkosten:
Vollkosten sind die gesamten Kosten, ohne eine Aufteilung in fixe und variable Kosten.

Teilkosten:
Teilkosten sind identisch mit den variablen Kosten.

1.5 Prinzipien der Kostenrechnung

1.5.1 Verursachungsprinzip

Zentrale Frage der Kostenrechnung ist, welche Kosten welchem Kalkulations-objekt zugeordnet werden können. Kalkulationsobjekte können Kostenstellen (z. B. Fertigung), Zeiträume (z. B. Kosten eines Quartals) oder Kostenträger (z. B. das hergestellte Produkt) sein. Oberstes Prinzip der Kostenrechnung ist das Verursachungsprinzip.

> **Verursachungsprinzip: Jedem Kalkulationsobjekt sollen die Kosten zugeordnet werden, die es verursacht hat.**

Das Verursachungsprinzip ist in der Praxis nur bedingt anwendbar. In vielen Fällen muss im Betrieb ein Kompromiss darüber geschlossen werden, welchem Kostenträger welche Kosten zugeordnet werden können. Für viele Kosten eines Unternehmens ist es nahezu unmöglich, einen direkten Kostenträger zu finden.

Beispiel:
Wie können die Kosten, die von der Betriebskantine eines Autowerkes verursacht werden, den verschiedenen Automodellen (den Kostenträgern) „verursachungsgerecht" zugerechnet werden?

Eine Lösung in diesem Fall wäre, dass jeder Arbeiter, entsprechend der Kostenstelle in der er arbeitet, eine gekennzeichnete Essensmarke bekommt und mithilfe dieser Essensmarken die Essen den Kostenstellen zugeordnet werden können. Diese Lösung wird allerdings schon problematischer, wenn auch alle Verwaltungsangestellten, die den Fertigungsbereichen nicht zuordenbar sind, in der Kantine essen. Gänzlich unmöglich wird eine „verursachungsgerechte" Zuteilung von Kosten zu den Kostenträgern z.B. im Falle einer Betriebsfeuerwehr, eines Betriebsfestes (Tag der offenen Tür) etc.

Das obige Beispiel macht die Problematik des Verursachungsprinzips deutlich. Wie werden Kosten verrechnet, die mit keinem Produkt in direkter Beziehung stehen. Wie können z.B. Gehälter der einzelnen Vorstände „verursachungsgerecht" den verschiedenen Automodellen zugeordnet werden? Ein Unternehmen mit einer breiteren Produktpalette muss sich klare Regeln überlegen, wie solche Kosten auf die Kalkulationsobjekte verteilt werden können (welche dann jedoch meist das Verursachungsprinzip verletzen).

1.5.2 Durchschnittsprinzip

Während man sich beim Verursachungsprinzip noch um eine Zuordnung der Kosten bemüht, wird dieser Grundsatz beim Durchschnittsprinzip nahezu vollständig verlassen. Beim Durchschnittsprinzip werden die Kosten auf Kalkulationsobjekte proportional umgelegt. Schlüsselgrößen sind Mengengrößen (z.B. Nutzungszeiten, Raummaße) oder Wertgrößen (z.B. Lohnsummen).

> **Durchschnittsprinzip: Beim Durchschnittsprinzip werden Kosten proportional zu einer Schlüsselgröße auf die Kalkulationsobjekte verteilt.**

Wissensfragen zu Kapitel 1

1. Grenzen Sie die Begriffe Geschäftsbuchführung und Internes Rechnungswesen voneinander ab!

2. Welche Vorgänge erfasst die KLR?

3. Nennen Sie die Merkmale der KLR und erläutern Sie diese kurz!

4. Definieren Sie die Begriffe Auszahlung und Aufwand!

5. Um welche Begriffskategorie handelt es sich bei einer Spende eines Unternehmens an das Rote Kreuz?

6. Definieren Sie die Begriffe „Kosten" und „Leistung" in der Kostenrechnung!

7. Grenzen Sie die Begriffe Grundkosten, Anderskosten und Zusatzkosten voneinander ab.

8. Erklären Sie den Unterschied zwischen Betriebs- und Unternehmenserfolg!

9. Sie sollen für das Produkt „Spinning-Rad 2010" einen Preis kalkulieren. Ihr Vorgesetzter legt Ihnen sowohl die Daten zum Unternehmenserfolg als auch zum Betriebserfolg vor. Anhand welcher Daten können Sie eine Preiskalkulation vornehmen? Begründen Sie Ihre Entscheidung!

10. Erklären Sie kurz die Bedeutung der Begriffe!
    a) Aufwand
    b) Kosten
    c) Ertrag
    d) Leistung

Kosten- und Leistungsrechnung für Fachwirte

Übungsaufgaben zu Kapitel 1

1) Sie arbeiten als Sport- und Fitnessmanager bei einem mittelgroßen Fitnesscenter (600 Mitglieder), es handelt sich um ein Einzelunternehmen, das von einem ehemaligen Profisportler geführt wird. Aufgrund des Umsatzes ist das Unternehmen zur Buchführung verpflichtet, der Unternehmer will allerdings von Einrichtung einer Kosten-Leistungsrechnung nichts wissen, da es zu viel „Aufwand" ist, bisher habe man ja auch immer einen guten Gewinn eingefahren, wozu also die „Erbsenzählerei", so der Ex-Profisportler und Unter-nehmer.
Begründen Sie für eine Leitungskonferenz, warum Sie die Einrichtung einer KLR für sinnvoll erachten.

2) Entscheiden Sie bitte bei den folgenden Geschäftsfällen des Möbelherstellers Möbel AG, ob es sich um Auszahlungen, Ausgaben, Aufwand oder Kosten handelt. Bedenken Sie, dass sich die Begriffe in ihren Bedeutungen überschneiden!
   a) Das Unternehmen bezahlt eine Warenlieferung in bar.
   b) Holz mit dem Anschaffungswert von 10.000,- wird in der Produktion verarbeitet.
   c) Ein Lieferant liefert Türscharniere im Wert von 5.000,- auf Ziel.
   d) Ein Werkbrand richtet einen Schaden von 8.000,- an, der durch keine Versicherung gedeckt ist.

3) Entscheiden Sie bitte bei den folgenden Geschäftsvorfällen des Möbelherstellers Möbel AG, ob es sich um Einzahlungen, Einnahmen, Ertrag oder Leistungen handelt.
(Bedenken Sie, dass sich die Begriffe in der Bedeutung überschneiden!)
   a) Ein Kunde bezahlt für eine Einzelfertigung einer extravaganten Eckgarnitur 300,- als Anzahlung.
   b) Die Möbel AG liefert 10 Wandschränke an einen Möbelgroßhändler auf Ziel.
   c) Eine veraltete Sägemaschine wird an einen Mitarbeiter zum Restbuchwert von 100,- verkauft, die dieser bar bezahlt.
   d) Ein Kunde kauft direkt ab Werk einen Kleiderschrank für 200,- und bezahlt in bar.

2. Kostenrechnungssysteme

Folgende Lernziele sollen Sie in diesem Kapitel erreichen:

√ Einen Einblick über die verschiedenen Kostensysteme erhalten!

√ Kenntnis über die möglichen Einteilungsformen bei den Systemen erhalten!

√ Einen Überblick über die Vor- und Nachteile der einzelnen Systeme erhalten!

Zur Erfüllung der Aufgaben der Kostenrechnung haben sich im Laufe der Zeit verschiedene Kostenrechnungssysteme herausgebildet. Ein Kostenrechnungssystem erhält seine Ausgestaltung nach zwei Kriterien, zum einen nach dem Zeitbezug der Kosten, zum anderen nach Art und Ausmaß oder Differenzierungsgrad der Kostenrechnung. Ein Unternehmen hat zu entscheiden, welche Ausgestaltung für den Betrieb am wirkungsvollsten, aber auch noch wirtschaftlich sinnvoll, ist.

Die folgenden Kostenrechnungssysteme werden nach der Art und Weise, wie die in die KLR eingehenden Kosten ermittelt und weiterverrechnet werden, unterschieden.

2.1 Kostenrechnungssysteme nach dem Zeitbezug

2.1.1 Die Istkostenrechnung

Bei der Istkostenrechnung werden nur die tatsächlich angefallenen Kosten der vergangenen Periode berücksichtigt, d.h. Grundlagen für die Werte sind der effektive Verbrauch, die Ist-Mengen an Kostengütern, bewertet zu den tatsächlich gezahlten Preisen. Die Rechnungsperioden sind in der KLR kürzer als ein Jahr, meistens dauern sie eine Woche, einen Monat oder ein Quartal.

Dieses Kostenrechnungsverfahren ist sehr problematisch und für eine Kostenkontrolle ungeeignet, da Preisschwankungen auf dem Beschaffungsmarkt sich voll in der Kalkulation niederschlagen, Beschäftigungsschwankungen nicht berücksichtigt werden und Verbrauchsschwankungen nicht eliminiert werden.

2.1.2 Die Normalkostenrechnung

Bei diesem System werden die Kosten nicht auf Istkostenbasis, sondern zu Kostenwerten, die auf durchschnittlichen Ist-Kostenwerten der Vergangenheit beruhen, auf die Kostenstellen und die Kostenträger weiterverrechnet.

> **Normalkosten: Kosten, die sich aus Durchschnittswerten der Vergangenheit bilden.**

Die Normalkostenrechnung beruht auf Kostenwerten, die sich aus den Durchschnittswerten der vergangenen Perioden berechnen. Dies hat den Vorteil, dass die Kosten über die Perioden vergleichbarer werden. Zudem wird das Unternehmen gezwungen, Abweichungen der Ist-Werte von den Durchschnittswerten (Normalkosten) zu analysieren.

2.1.3 Die Plankostenrechnung

In der Plankostenrechnung werden die Einzel- und Gemeinkosten je Kostenart und Kostenstelle mittels Arbeits- und Verbrauchsstudien und aufgrund von Erfahrungen vorausgeplant. Die Planung verläuft idealer-weise so, dass bei ordnungsmäßigem Betriebsablauf diese Plankosten Norm- und Vorgabecharakter haben. Während die Istkostenrechnung und die Normalkostenrechnung vergangenheitsbezogen sind, ist die Plankostenrechnung zukunftsgerichtet. Damit können bestimmte Kostenentwicklungen vorweg genommen werden und böse Überraschungen bei der Nachkalkulation vermieden werden.

Plankosten sind Einzel- und Gemeinkosten, die sich bezüglich der Preise und Mengen im Wesentlichen auf die Zukunft – in der Regel die kommende Rechnungsperiode – beziehen.

> **Plankosten: Kosten, die sich auf die Zukunft beziehen.**

Vorteil ist, dass die geplanten Kosten (Planpreis * Planmenge) mit den tatsächlich angefallenen Kosten (Istpreis * Istmenge) verglichen werden können. Durch eine genaue Analyse können Preis- und Mengenabweichungen festgestellt werden.

2.2 Einteilung nach der Kostenverrechnung

Die Kostenrechnungssysteme können auch danach untergliedert werden, ob sie sämtliche Kosten (variable und fixe Kosten) auf die Kostenstellen und Kostenträger umrechnen oder ob nur die unmittelbar von der Erzeugniserstellung verursachten variablen Kosten auf die Kostenträger umgerechnet werden.

> **Variable Kosten: Kosten, deren Höhen direkt von der produzierten Menge abhängen.**
> **Fixe Kosten: Kosten, deren Höhe nicht von der produzierten Menge abhängt, sondern für eine bestimmte Zeit in ihrer Höhe fest gelegt sind. (Miete, Versicherungsprämie, Zeitabschreibungen etc)**

Bei der Einteilung nach der Kostenverrechnung wird zwischen der Vollkosten-rechnung und der Teilkostenrechnung unterschieden.

2.2.1 Die Vollkostenrechnung

In der Vollkostenrechnung werden alle Kosten auf die Kostenstellen und die Kostenträger verteilt. Ziel der Vollkostenrechnung ist die Ermittlung der vollen Selbstkosten für ein Produkt auf deren Basis die Preiskalkulation durchgeführt werden kann. Der Betrieb möchte damit erreichen, dass alle Kosten die im Produktionsverlauf anfallen gedeckt werden und durch den Verkauf der Produkte Gewinn entsteht. Problematisch ist die

Vollkostenrechnung jedoch aufgrund ihrer direkten Verteilung der fixen Kosten auf die Kostenträger (die Produkte).

Die Vollkostenrechnung, insbesondere zu Ist-Werten ist jedoch immer noch das am weitesten verbreitete Kostenrechnungssystem in Unternehmen, da es einfach und überschaubar in der Anwendung ist.

Durch die Anwendung der Vollkostenrechnung zur Bestimmung der Kalkulationsbasis eines Produktes kann das Unternehmen bei sinkenden Absatz-zahlen, den negativen Trend noch beschleunigen, da die Verteilung der Fixkosten auf immer weniger Kostenträger zu einer Erhöhung der Stückkosten und somit zu einer Preiserhöhung führt, was sich negativ auf die Absatzzahlen des Produktes auswirken würde. Auf diesen Aspekt wird noch mal ausführlich im Kapitel zur Vollkostenrechnung eingegangen.

2.2.2 Die Teilkostenrechnung

Die Teilkostenrechnung versucht, die im obigen Beispiel gezeigte Problematik zu lösen. Hier werden nur die von der Ausbringungsmenge abhängigen Kosten auf die Kostenträger verteilt. Die fixen Kosten werden in einem Block unter Umgehung der Kostenträgerrechnung unmittelbar in die Erfolgsrechnung überführt.

Die Teilkostenrechnung versucht bei der Zurechnung der Kostenrechnung das Verursachungsprinzip einzuhalten, indem nur diejenigen Kosten den Kostenträgern zugerechnet werden, die in direkter Relation zu der jeweiligen Ausbringungsmenge stehen. Fixe Kosten haben zumeist ihre Ursache in der Produktion eines Kostenträgers (z.B. Miete für die Fertigungshalle etc.). Jedoch ist die Ursache für fixe Kosten nicht in der Höhe der Ausbringungsmenge des Produktes zu finden, sondern in der Produktionsentscheidung für dieses Produkt.

Ein wichtiger Begriff der Teilkostenrechnung ist der Deckungsbeitrag. Der Deckungsbeitrag ergibt sich aus dem Produktpreis abzüglich der variablen Kosten. Wie der Begriff schon sagt, hilft der Deckungsbeitrag Anteile des Fixkostenblocks zu decken.

2.3 Zusammenfassung der Ausgestaltung

Da bei der Gestaltung eines Systems der KLR sowohl eine Entscheidung über Art und Ausmaß der Kostenverrechnung, als auch über den Zeitbezug der verwendeten Kostengrößen getroffen werden muss, sind insgesamt sechs Kombinationen aus beiden Kriterien denkbar:

	Iskosten-rechnung	Normalkosten-rechnung	Plankosten-rechnung
Vollkosten-rechnung	Ist-Vollkosten-rechnung	Normal-Vollkosten-rechnung	Plan-Vollkosten-rechnung
Teilkosten-rechnung	Ist-Teilkosten-rechnung	Normal-Teilkosten-rechnung	Grenzplan-Kosten-rechnung

Zusätzlich zu diesen sechs Gestaltungsmöglichkeiten der Kostenrechnung sind davon noch Mischformen möglich und in der Praxis sogar die Regel.
Die Ist-Vollkostenrechnung stellt die traditionelle Form der Kostenrechnung dar. Im Mittelpunkt steht die Nachkalkulation, bei der man alle in einer Abrechnungsperiode (z.B. ein Monat oder ein Quartal) angefallenen Kosten auf die Erzeugnisse verrechnet. Auf die Mängel der Ist-Vollkostenrechnung wird in den folgenden Kapiteln noch einmal ausführlicher eingegangen.

2.4 Ausgestaltung der KLR

Die Kostenrechnung gliedert sich in drei Teilgebiete, denen besondere Aufgaben zufallen:

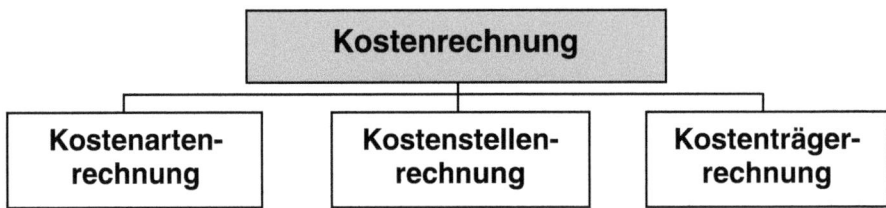

Die Kosten- und Leistungsrechnung (KLR) liefert aktuelle Daten für das unternehmerische Handeln und unterstützt nahezu alle Bereiche eines Unternehmens (z.B. die Marketingabteilung, die Einkaufsabteilung etc.) bei der Entscheidungsfindung.

Beispiele:

- *Der Sportartikelhersteller „SportFit AG" hat eine neue Rudermaschine entwickelt. Um den Preis für die Maschine festlegen zu können, müssen die Selbstkosten erfasst werden, auf die noch ein Gewinnzuschlag zugerechnet wird. Die Ermittlung der Selbstkosten und die Kalkulation des Verkaufspreises ist Aufgabe der KLR.*

- *Die Geschäftsleitung der SportFit AG überlegt, ob die für die Fertigung benötigten Stahlteile im eigenen Werk bei München hergestellt werden sollen, oder ob es günstiger ist, die Stahlteile fertig zu beziehen. Die KLR liefert hier die notwendigen Zahlen für die Entscheidungsfindung.*

- *Der Fitness-Center FitWorld, das in einem Büroturm in der Frankfurter Innenstadt untergebracht ist, möchte seine Räumlichkeiten aufgrund der guten Nachfrage um eine Etage erweitern. Für die Ausstattung sind 150.000,- erforderlich, die Miete beträgt monatli ch 20.000,- . Die KLR ermittelt, wie viele Neumitglieder geworben werden müssen, damit sich die Erweiterung lohnt.*

2.4.1 Die Kostenartenrechnung

Hier werden die Kosten einer Abrechnungsperiode vollständig erfasst und nach bestimmten Kriterien kategorisiert. Die Gesamtkosten können z.B. in variable und fixe Kosten aufgeteilt oder nach der Art der verbrauchten Produktionsfaktoren (z.B. Materialkosten, Energiekosten, Personalkosten, Trans-portkosten etc.) unterschieden werden.

Die Kostenartenrechnung gibt Antwort auf die Frage:

„Welche Kosten sind entstanden?"

Für die Kostenrechnung ist das Kriterium der Zurechenbarkeit besonders interessant, da hier die Kosten in Einzel- und Gemeinkosten eingeordnet werden.

2.4.2 Die Kostenstellenrechnung

Kostenstellen sind Betriebsbereiche, die kostenrechnerisch selbstständig abgerechnet werden. Die Einteilung des Unternehmens in Kostenstellen erfolgt üblicherweise danach, welche Bereiche eines Unternehmens zu einem Verantwortungsbereich oder nach den betrieblichen Funktionen (z.B. Fertigungskostenstellen, Materialkostenstellen, Vertriebskostenstellen, Verwaltungskostenstelle) zusammengefasst werden können.

Die Einteilung nach Verantwortungsbereichen ist insbesondere für die Kostenkontrollfunktion sehr wichtig und deckt sich in der Praxis oft mit der Einteilung nach den betrieblichen Funktionen.

Bei der Kostenstellenrechnung wird die Frage gestellt:

> „Wo sind die Kosten entstanden?"

Die Kostenstellenrechnung ordnet den Kostenträgern (Produkte etc.) möglichst verursachungsgerecht die Gemeinkosten zu. Die Einzelkosten bedürfen der Kostenstellenrechnung nicht, da sie ihrem Wesen nach direkt den Kostenträgern zuordenbar sind.

2.4.3 Die Kostenträgerrechnung

Kostenträger sind Leistungen des Betriebes (z.B. die Herstellung eines Autos), die den Verbrauch von Produktionsfaktoren (Rohstoffe, Arbeit) und damit die dementsprechenden Kosten verursacht haben.

Mit der Kostenträgerrechnung soll die Frage beantwortet werden:

> „Wofür sind die Kosten entstanden?"

Ohne eine funktionstüchtige Kostenrechnung würde der Unternehmensleitung nur eine pauschale Summe von Kosten bekannt sein. Sie würde höchstens die Beträge kennen, die das Unternehmen bezahlt oder einnimmt.

Die zentrale Frage der Kostenrechnung ist, welche Kosten welchem Kalkulationsobjekt zugeordnet werden können. Kalkulationsobjekte können Kostenstellen (z.B. Fertigung), Zeiträume (z.B. Kosten eines Quartals) oder Kostenträger (z.B. das hergestellte Produkt) sein.

Verursachungsprinzip: Jedem Kalkulationsobjekt sollen die Kosten zugeordnet werden, die es verursacht hat. Das Verursachungsprinzip ist in der Praxis nur bedingt anwendbar. In vielen Fällen muss im Betrieb ein Kompromiss darüber geschlossen werden, welchem Kostenträger welche Kosten zugeordnet werden können. Für viele Kosten eines Unternehmens ist es nahezu unmöglich, einen direkten Kostenträger zu finden.

> **Oberstes Prinzip der Kostenrechnung ist das Verursachungsprinzip.**

Aber wie werden Kosten verrechnet, die mit keinem Produkt in direkter Beziehung stehen. Wie können z.B. Gehälter der einzelnen Vorstände „verursachungsgerecht" den verschiedenen Automodellen zugeordnet werden? Ein Unternehmen mit einer breiteren Produktpalette muss sich klare Regeln überlegen, wie solche Kosten auf die Kalkulationsobjekte verteilt werden können (welche dann jedoch meist das Verursachungsprinzip verletzen).

Die KLR liefert somit mithilfe der Kostenarten-, Kostenstellen-, und Kostenträgerrechnung aktuelle Daten für das unternehmerische Handeln und unterstützt nahezu alle Bereiche eines Unternehmens (z.B. Marketingabteilung, Einkaufsabteilung etc.) bei der Entscheidungsfindung.

Wissensfragen zu Kapitel 2

1. Beschreiben Sie die Datengrundlage der Istkostenrechnung und ihre Problematik!

2. Beschreiben Sie die Datengrundlage der Normalkostenrechnung!

3. Beschreiben Sie die Datengrundlage der Plankostenrechnung!

4. Beschreiben Sie den Unterschied zwischen der Vollkosten- und der Teilkostenrechnung!

5. Wo wird festgelegt, was Teilkosten und was Vollkosten sind?

6. Beschreiben Sie die Teilgebiete einer KLR hinsichtlich ihrer Zielsetzung!

3. Die Vollkostenrechnung

Folgende Lernziele sollen Sie in diesem Kapitel erreichen:
√ Einen Überblick über das Wesen der Vollkostenrechnung erhalten!
√ Kenntnis über den Zweck und die Ziele dieser Kostenrechnung erhalten!
√ Einen Überblick über die Einteilungsmöglichkeiten der verschiedenen Kosten hinsichtlich Art gewinnen!
√ Einen Einblick in die Kostenstellen- und Kostenträgerrechnung im Vollkosten-system bekommen!

Die Vollkostenrechnung ist das heute in der Praxis noch am häufigsten angewandte Verfahren, obwohl sie verschiedene Mängel aufweist. Das zentrale Problem ist die Verteilung des fixen Teiles der Gemeinkosten, der nicht unmittelbar durch die einzelnen Leistungen verursacht wird. Bei der Vollkostenrechnung wird keine Unterscheidung von beschäftigungsabhängigen (variablen) oder beschäftigungsunabhängigen (fixen) Kosten vorgenommen.

3.1 Die Kostenartenrechnung in der Vollkostenrechnung

3.1.1 Ziele und Aufgaben

Die Kostenartenrechnung stellt fest, welche Kosten in einer Abrechnungsperiode angefallen sind. Der Gesamtkostenblock wird in der Kostenartenrechnung nach bestimmten Kriterien differenziert. Die Kostenartenrechnung liefert somit die Basisinformationen für die Kostenstellen- und Kostenträgerrechnung.

Die üblichsten Einteilungskriterien des Gesamtkostenblocks in der Kostenartenrechnung sind:
1. Abhängigkeit von der Beschäftigung
2. Möglichkeiten der Zurechnung zu Kostenträgern
3. betrieblichen Funktionen
4. Art der verbrauchten Produktionsfaktoren

Der Großteil der Kosten lässt sich direkt aus vorgelagerten Teilbereichen des betrieblichen Rechnungswesens übernehmen (z.B. Finanz-, Material-, Lohn- und Gehaltsbuchhaltung). Es handelt sich dabei größtenteils um aufwandsgleiche Kosten (Grundkosten), die unverändert in die Kostenartenrechnung übernommen werden können. Es sind dabei allerdings eventuelle zeitliche Abgrenzungen zu beachten, die bei Bedarf gemacht werden müssen. Hinzu kommen noch kalkulatorische Kosten, denen in der Finanzbuchhaltung kein Aufwand (Zusatzkosten) oder Aufwand in anderer Höhe (Anderskosten) gegenübersteht.

3.1.2 Die Erfassung und Einteilung der Kosten

Die Erfassung von Kostenarten ist grundsätzlich auf zwei Arten erfolgen. Da Kosten als bewerteter sachzielorientierter Güterverbrauch definiert sind, besteht eine in der getrennten Erfassung der Mengen- und der Preiskomponente. Eine getrennte Erfassung der Verbrauchsmengen und der Preise macht deutlich, wie sich die Kosten aus beiden Komponenten zusammensetzen.

Beispiel:
Die Fit KG hat im Monat Juli Stromkosten in Höhe von 4.000,- . Im Monat August beläuft sich die Stromrechnung auf 6.000,- . Diese undifferenzierte Angabe ermöglicht keine nähere Beurteilung der Stromkosten. Erst die Differenzierung der Stromkosten in eine Mengen- und in eine Preiskomponente gibt Aufschluss, ob der Kostenzuwachs durch eine Verteuerung des Strompreises oder durch größeren Stromverbrauch zustande gekommen ist.

Nachfolgend werden die üblichsten Einteilungskriterien der Kostenartenrechnung aufgezeigt. Bei der Einteilung der Gesamtkosten nach verschiedenen Kriterien handelt es sich immer nur um einen Perspektivenwechsel auf den gleichen Kostenblock, je nach Ziel der Kosten-rechnung.

3.1.2.1 Einteilung der Kosten nach der Abhängigkeit von der Beschäftigung

Die Gesamtkosten lassen sich in fixe und variable Kosten aufteilen, je nachdem, ob deren Höhe direkt von der Ausbringungsmenge abhängt (variable Kosten) oder ob die Kostenhöhe von der Ausbringungsmenge der Produktion unabhängig ist (fixe Kosten).

Beispiel:
Die Miete des Fitness-Centers FitWorld ist fix. Der Kursleiter Benno K. gibt im Studio Kurse auf Basis eines Dienstvertrages, d.h. es besteht kein festes Arbeitsverhältnis, sondern Benno erhält für jeden Kurs, 30,- pro Kursstunde. Fällt ein Kurs aus, z.B. weil Benno krank wird, bekommt er auch kein Geld. Das Kurshonorar stellt somit einen Teil der variablen Kosten dar.

3.1.2.2 Einteilung der Kosten nach den Möglichkeiten der Zurechnung zu Kostenträgern

Die Gesamtkosten lassen sich in Einzel- und Gemeinkosten aufteilen, je nachdem, ob die Kosten einem Kostenträger direkt zugerechnet werden können. Kostenträger sind die Kalkulationsobjekte, die letztlich den Preis bestimmen. Z.B. kann der Kostenträger in einem Fitnessstudio die Monatsmitgliedschaft sein, in der Sportindustrie ist es z.B. der produzierte Laufschuh, da mit diesem Produkt die Kosten „getragen" werden und zusätzlich Gewinn erwirtschaftet werden soll.

Können die Kosten einem Kostenträger direkt zugerechnet werden, handelt es sich um **Einzelkosten**. Können die Kosten nicht direkt zugerechnet werden, so sind es sog. **Gemeinkosten**.

Kostenträger für die Zurechnung der Einzelkosten sind in der Regel die hergestellten Produkte oder Dienstleistungen eines Unter-nehmens.

Beispiel:
Bei der Miete des Fitness-Centers FitWorld handelt es sich um Gemeinkosten. Sie sind nicht direkt den Gebühren für einen Kurs zurechenbar, sondern fallen allgemein an. Beim Kurshonorar für einen Kursleiter für den Kurs „Fitbo" handelt es sich um Einzelkosten, sie sind

direkt dem Kostenträger Kurs „Fitbo" zurechenbar, falls für den Kurs extra Gebühren von den Mitgliedern verlangt werden.

Wie im Beispiel gezeigt, sind Einzelkosten in der Regel auch variable Kosten, da sie in direkter Beziehung mit der Herstellung des Kostenträgers stehen. Gemeinkosten sind oft fixe Kosten, es können auch variable Kosten sein, die sich nicht auf einen einzelnen Kostenträger beziehen lassen.

Beispiel:
Die Stromkosten des Fitness-Centers FitWorld sind variable Gemeinkosten. Ihre Höhe variiert in Abhängigkeit vom Verbrauch, allerdings ist es schwierig festzustellen, welcher Kurs oder Bereich (z.B. Wellnesslandschaft) für welchen Stromverbrauch ursächlich ist.

3.1.2.3 Einteilung der Kosten nach den betrieblichen Funktionsbereichen

Die Gesamtkosten lassen sich nach den verschiedenen betrieblichen Funktionen einteilen. Die übliche Grobeinteilung der Kosten ist die Einteilung in:

- Materialgemeinkosten,
- Fertigungsgemeinkosten,
- Verwaltungsgemeinkosten,
- Vertriebsgemeinkosten.

3.1.2.4 Einteilung nach der Art der verbrauchten Produktionsfaktoren

Die bisherigen Einteilungen ermöglichen lediglich eine grobe Differenzierung der Gesamtkosten. Für die Kalkulation und Kosten-kontrolle ist es besonders interessant, welche Arten von Kosten angefallen sind. Die Gesamtkosten lassen sich in Materialkosten, in Personalkosten und kalkulatorische Kosten einteilen.

3.1.2.4.1 Materialkosten

Materialkosten sind der bewertete betriebliche Verbrauch von Roh- Hilfs- und Betriebsstoffen.

> **Materialkosten: bewerteter betrieblicher Verbrauch von Roh- Hilfs- und Betriebsstoffen**

Rohstoffe sind die wesentlichen Bestandteile, aus denen das Produkt besteht (z.B. Schrank → Holz, Auto → Blech, Glas, Kunststoffe etc.). Hilfsstoffe sind geringwertige Bestandteile eines Produktes (z.B. Schrauben, Klebstoffe). Betriebsstoffe sind Stoffe, die bei der Produktion verbraucht werden, ohne in das Produkt direkt einzugehen (z.B. Schmierstoffe, Treibstoffe, Büromaterial). Bei den Material- und Stoffkosten erfolgt in der Regel eine getrennte Mengen- und Preiserfassung, um Verbrauchsschwankungen in der Produktion und Preisschwankungen auf den Beschaffungsmärkten auseinander halten zu können.

3.1.2.4.2 Personalkosten

Die Personalkosten setzen sich aus folgenden Kostengruppen zusammen:
- Löhne & Gehälter
- Personalnebenkosten
- Sonstige Personalkosten

Die Erfassung der Personalkosten in der Kostenrechnung kann direkt auf die Daten der Lohn- und Gehaltsbuchhaltung zurückgegriffen werden. Bei den Löhnen und Gehältern werden die Bruttolöhne der Arbeiter und die Bruttogehälter der Angestellten in die Kostenrechnung übernommen. In diesen Beträgen sind neben den Nettolöhnen und -gehältern auch die darauf entfallende Lohn- und Kirchensteuer sowie die Arbeitnehmer-beiträge zur gesetzlichen Sozialversicherung enthalten.

Die Personalnebenkosten lassen sich in gesetzliche und freiwillige Sozialkosten unterteilen. Zu den gesetzlichen Sozialkosten gehören der Arbeitgeberanteil zur Sozialversicherung, die Berufsgenossenschaftsbeiträge und die Soziallöhne (= Lohnfortzahlung im Krankheitsfall, Urlaubslöhne, Feiertagslöhne etc.). Die freiwilligen Sozialleistungen können u.a. Urlaubs- und Weihnachtsgelder, vermögenswirksame Leistungen und Aufwendungen für die betriebliche Altersversorgung sein.

Zu den sonstigen Personalkosten werden vor allem Ausbildungsvergütungen, Heimarbeiterlöhne und auch Personalleasinggebühren gezählt.

3.1.2.4.3 Kalkulatorische Kosten

Kalkulatorischen Kosten stehen in der Finanzbuchhaltung kein entsprechender Aufwand (Zusatzkosten) oder ein anderer Aufwand (Anderskosten) gegenüber.

Kalkulatorische Kosten	
Anderskosten	**Zusatzkosten**
kalkulatorische Abschreibung kalkulatorischer Zins kalkulatorisches Wagnis	kalkulatorische Miete kalkulatorischer Unternehmerlohn

3.1.2.4.3.1 Kalkulatorische Abschreibungen

Kalkulatorische Abschreibungen haben den Zweck den „tatsächlichen" Werteverzehr abzubilden. Es handelt sich dabei um Anderskosten, da die bilanziellen Abschreibungen Aufwand sind, jedoch in anderer Höhe als die kalkulatorischen Abschreibungen.

Als Abschreibungsursachen kommen in Betracht:
- Anlagenverschleiß,
- technischer Fortschritt,
- wirtschaftliche Überholung oder Fristablauf von Nutzungsrechten (z.B. Lizenzen, Patente)

Die Höhe der Periodenabschreibung einer Anlage wird von der Abschreibungssumme, dem Abschreibungszeitraum und dem Abschreibungs-verfahren bestimmt.

Während bei der bilanziellen Abschreibung als Ausgangswert höchstens die Anschaffungs- oder Herstellungskosten angesetzt werden dürfen (§253 HGB), wird bei den kalkulatorischen Abschreibungen oft vom Wiederbeschaffungs-preis des Vermögensgegenstands ausgegangen. Kalkulatorische Abschreibungen werden in die Preiskalkulation miteingerechnet. Sind die Abschreibungen aus den Wiederbeschaffungspreisen berechnet, können mit dem gegenwärtigen Umsatz die zukünftigen Maschinen verdient werden. Solch eine Vorgehensweise sichert die Substanzerhaltung des Unternehmens.
Bei der Festlegung des Abschreibungszeitraums legt man in der Kostenrech-nung in der Regel die wirtschaftliche (und nicht etwa die technische) Nutz-ungsdauer zugrunde. Die Wahl des Abschreibungs-verfahrens hängt von den Ursachen des angenommenen Werteverzehrs ab. Grundsätzlich können dabei zwei Verfahren unterschieden werden:

1. Zeitablaufbedingter Verzehr: Dieses Verfahren wird angewendet, wenn von einem gleichmäßigen, durch die Nutzungsdauer bedingten Verschleiß, ausgegangen wird.

Beispiel:
Eine Maschine wird das ganze Geschäftsjahr mit gleicher Intensität genutzt. Der Werteverzehr kann deshalb in Abhängigkeit von der Zeit (Nutzungsdauer) berechnet werden.

2. Einsatzbedingter Verzehr: Dieses Verfahren bringt die Leistung der Anlage (Maschine, Fahrzeug etc.) direkt mit dem Werteverzehr in Verbindung, es entspricht somit dem Verursachungsprinzip.

Beispiel:
Die Sporthandels AG schafft sich einen neuen Firmen-LKW für die Auslieferung der Fertigwaren an. Die Anschaffungskosten betragen 80.000,- . Es wird geplant, dass der LKW eine maximale Leistung von 300.000 km bringt. Im ersten Jahr fährt der LKW 50.000 km. Seine Wiederbeschaffungskosten betragen 100.000,- .
Wie hoch ist die kalkulatorische Abschreibung für das 1. Nutzungsjahr des LKWs?
    100.000,- / 300.000 km = 0,26 /km
    0,26 /km * 50.000 km/Jahr = 13 000,- /Jahr
Die kalkulatorischen Abschreibungen betragen demnach 13.000,- /Jahr.

3.1.2.4.3.2 Kalkulatorische Zinsen

Kalkulatorische Zinsen sind eine kalkulatorische Größe. In der Gewinn- und Verlustrechnung (GuV) der Geschäftsbuchführung wird nur der Zinsaufwand für das Fremdkapital erfasst. In der Kostenrechnung wird das komplette betriebsnotwendige Kapital verzinst, egal ob es durch Eigenkapital oder Fremdkapital finanziert wird. Es handelt sich bei den kalkulatorischen Zinsen somit um Opportunitätskosten, d.h. die kalkulatorischen Zinsen stellen den entgangenen Gewinn dar, der durch einen alternativen Einsatz des Kapitals erreichbar gewesen wäre.

Um die Höhe der kalkulatorischen Zinsen kalkulieren zu können, wird zunächst aus dem bilanziellen Gesamtvermögen das nicht betriebsnotwendige Vermögen herausgerechnet (z.B. stillgelegte Maschinen, ungenutzte Grundstücke, vermietete Gebäude und Wertpapiere des Anlagevermögens).

Das betriebsnotwendige Kapital wird nach folgendem Schema festgestellt:

Dem betriebsnotwendigen Kapital dürfen nur solche Anlagegüter hinzugerechnet werden, die dauerhaft dem Betrieb dienen. Sie müssen mit den kalkulatorischen Restwerten (= Anschaffungskosten – kalkulatorische Abschreibung) angesetzt werden. Ein Ansatz zu den Werten aus der Finanzbuchführung würde die kalkulatorische Rechnung verfälschen und sollte deshalb nicht angewendet werden. Das Abzugskapital besteht aus Positionen, die dem Unternehmen zinslos zur Verfügung gestellt wurden. Dies sind z.B. Lieferantenkredite ohne Skonto, Anzahlungen von Kunden, Rückstellungen etc. Der Zinssatz zur Berechnung der kalkulatorischen Zinsen richtet sich in der Regel nach dem gegenwärtigen Zinssatz für möglichst günstige Anlagen-möglichkeiten des Unternehmens, da das Kapital ja alternativ zinsgünstig angelegt werden könnte. Je nach dem kann noch auf den kalkulatorischen Zinssatz ein Risikoaufschlag zugerechnet werden, da es schließlich risiko-reicher ist, das Kapital in ein Unternehmen zu investieren, als es z.B. festverzinslich anzulegen. Als Orientierung für den kalkulatorischen Zinssatz gilt i.d.R. der Zinssatz für Bundesanleihen oder der Zinssatz für Hypothekar-kredite.

Beispiel:

Betriebsnotwendiges Anlagevermögen (kalk. Restwerte):		Summen
Gebäude	650.000,-	
Fertigungsanlagen	850.000,-	
Fuhrpark	250.000,-	
	1.750.000,-	1.750.000,-
Betriebsnotwendiges Umlaufvermögen (Durchschnittsbestände)		
Roh- Hilfs-, und Betriebsstoffe	300.000,-	
Unfertige Erzeugnisse	400.000,-	
Fertigerzeugnisse	200.000,-	
	900.000,-	2.650.000,-
= Betriebsnotwendiges Vermögen		2.650.000,-
- Abzugskapital:		
Kundenanzahlungen	20.000,-	
Lieferantenkredit (ohne Skonto)	30.000,-	
	50.000,-	
= Betriebsnotwendiges Kapital		2.600.000,-

Die kalkulatorischen Zinsen betragen bei einem Zinssatz von 5,00 %:

*2.600.000,- * 5/100 = 130.000,-*

3.1.2.4.3.3 Kalkulatorische Wagnisse

Die Kostenrechnung macht die Unterscheidung zwischen dem allgemeinen Unternehmerrisiko und den spezifischen Einzelwagnissen unternehmerischer Entscheidungen. Das allgemeine Unternehmerrisiko, das z. B. aus Konjunktureinbrüchen, Nachfrageverschiebungen oder technischem Fortschritt resultiert, kann nicht über die Kostenrechnung einkalkuliert werden. Es muss stattdessen durch das Betriebsergebnis abgedeckt werden. Im Unterschied dazu können Einzelwagnisse kalkulatorisch erfasst werden. In der Kostenrechnung versucht man aus Erfahrungswerten der vergangenen Perioden Durchschnittswerte für die Wagniskosten zu errechnen, um eine gleichmäßige Belastung der Abrechnungsperioden zu erreichen. Sie gehen in die Kostenrechnung als kalkulatorische Wagnisse ein. Beispiele hierfür sind das Gewährleistungs-wagnis, das Forderungswagnis oder das Bestands- und Lagerwagnis genannt.

Beispiel:
Der Vertriebsleiter des Sportartikelherstellers SportFit AG weiß aus Erfahrung, dass pro 100 verkauften Home-Trainern fünf Stück wegen technischer Mängel zurückgegeben werden. Die Rücknahme des Gerätes, die Reparatur oder Entsorgung des defekten Gerätes verursachten in der Vergangenheit Kosten in Höhe von 150,- je defekte m Produkt.
Die Kosten pro 100 Stück (Wagniskosten) müssen damit auf die Herstellungs-kosten der Erzeugnisse umgerechnet werden (Basis für die Preiskalkulation), um die durchschnittliche Zahl von Garantieansprüchen kostendeckend abfertigen zu können.

In der Finanzbuchhaltung werden Risiken ebenfalls erfasst (z.B. Rückstellungen, Zahlungen an Kunden aus Garantieverpflichtungen, Wertberichtigung auf Forderungen etc.).

3.1.2.4.3.4 Kalkulatorischer Unternehmerlohn

Als kalkulatorischer Unternehmerlohn wird quasi ein fiktives Gehalt für den Unternehmenseigner angesetzt, das er bei einer vergleichbaren Tätigkeit in einem anderen Unternehmen beziehen könnte.

3.1.2.4.3.5 Kalkulatorische Miete

Stellen Gesellschafter von Personengesellschaften oder Einzelunternehmer ihrem Unternehmen Privatgrundstücke oder -gebäude unentgeltlich zur Verfügung (z.B. Nutzung des Erdgeschosses des eigenen Wohnhauses als Büroräume) so sollte in der Kostenrechnung eine kalkulatorische Miete eingerechnet werden. Kalkulatorischen Mieten stellen Opportunitätskosten dar, die den entgangenen Mietertrag wiedergeben, wenn die gleiche Fläche an einen Dritten vermietet werden würde.

Kosten- und Leistungsrechnung für Fachwirte

Wissensfragen zu Kapitel 3.1

1. Nach welchen Kriterien werden die Kosten in der Kostenartenrechnung eingeteilt?

2. Was ist der Unterschied zwischen Einzel- und Gemeinkosten?

3. Was umfassen die Materialkosten?

4. Was umfassen die Personalkosten?

5. Was sind kalkulatorische Kosten?

Übungsaufgaben zu Kapitel 3.1

1) Die Sportboot GmbH investiert im Jahr 2010 in eine neue Fertigungsmaschine (Anschaffungskosten = 250.000,-). Die vor aussichtliche Nutzungs-dauer wird auf 5 Jahre geschätzt. Es wird von einem Liquidationserlös von 20.000,- EUR am Ende der Nutzungsdauer ausgegangen. Die Wiederbe-schaffungskosten betragen 300.000,- am Ende der Nutzungsdauer.

a) Wie hoch ist die kalkulatorische Abschreibung im Jahr 2007?
b) Wie hoch ist die bilanzielle, lineare Abschreibung?
c) Wie ist a) und b) zu rechnen, wenn der Hersteller der Maschine noch 10.000,- Rabatt gewährt?

2) Bei der Fitworld GmbH, einem Hersteller von hochwertigen Cardio-Geräten, sollen die kalkulatorischen Zinsen für das abgelaufene Geschäftsjahr berechnet werden. Für langfristige Bundesanleihen beträgt die Umlaufrendite 3,6 %. Das Unternehmen arbeitet mit einem Risikozuschlag von 3 Prozent-punkten. Ermitteln Sie die kalkulatorischen Zinsen des Unternehmens, wenn folgende Daten gelten:

Anlagevermögen (kalkulatorische Restwerte):
    Grundstücke u. Gebäude: 10.500.000,-
    Maschinen u. Anlagen: 16.300.000,-
    Fuhrpark: 300.000,-
Umlaufvermögen (Durchschnittswerte):
    Roh- Hilfs-, und Betriebsstoffe: 3.600.000,-
    Unfertige und fertige Erzeugnisse: 7.400.000,-

Die nicht skontierfähigen Verbindlichkeiten aus Lieferungen und Leistungen betragen 90.000,- . Eine Anlage im Wert von 160.000 ,- ist stillgelegt und steht zum Verkauf. Kunden haben für Aufträge Anzahlungen i.H.v. 400.000,- geleistet. Die Verbindlichkeiten gegenüber dem Fi nanzamt 400.000,- und den Sozialversicherungen betragen insgesamt 1.200.000,- .

3) Bei der FitNet AG vertreibt in einem neuen Geschäftsfeld Proteingetränke in Pulverform über das Internet, eine Dose (1 kg) kauft sie in Übersee für 20,- an. Um die Kundenresonanz zu erhöhen, wird be i den Zahlungsmodalitäten des Online-Shops den Kunden die Möglichkeit

eingeräumt, die Ware erst nach Erhalt bezahlen zu müssen. Aufgrund der schlechten Zahlungsmoral bei Internetgeschäften rechnet das Unternehmen damit, dass 10 % der Rechnungen von den Kunden nicht beglichen werden. Die Versand- und Verpackungskosten belaufen sich je Dose auf 3,- . Die Verwaltungskosten des neuen Geschäftsfeldes werden mit 8,- je Dose überschlagen.

Welchen Preis muss die FitNet AG mindestens ansetzen, damit das neue Geschäftsfeld „Proteingetränke" keinen Verlust verursacht?

3.2 Die Kostenstellenrechnung in der Vollkostenrechnung

3.2.1 Ziele und Aufgaben

In der Kostenartenrechnung werden die Gesamtkosten der Periode vollständig erfasst und nach bestimmten Kriterien strukturiert. Die Kostenstellenrechnung stellt nun fest, wo die Kosten entstanden sind, mit dem Ziel die Kosten den Funktionsbereichen möglichst verursachungsgerecht zuzuordnen. Die Kostenstellenrechnung steht zwischen der Kostenartenrechnung und der Kostenträgerrechnung.

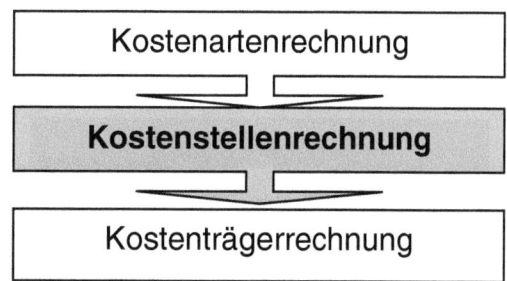

Während die Einzelkosten direkt den Kostenträgern zugerechnet werden können, werden die Gemeinkosten in der Kostenstellenrechnung den Kosten-stellen zugerechnet. In der Kostenträgerrechnung werden dann die Kosten der einzelnen Kostenstellen auf die Kostenträger umgelegt.

Der Kostenstellenrechnung kommt innerhalb der KLR eine zentrale Bedeutung zu. Ihre Aufgabe besteht zum einen in der Ermittlung von Kalkulationssätzen, die eine verursachungsgerechte Verrechnung der Gemeinkosten auf die Produkte ermöglichen, zum anderen liefert sie Informationen über die Höhe der in den einzelnen Kostenstellen eines Unternehmens entstandenen Kosten.

3.2.2 Bildung und Arten von Kostenstellen

Kostenstellen sind Bereiche des Unternehmens, die kostenrechnerisch selbständig abgerechnet werden.

Beispiel
Bei der SportFit, einem Hersteller von Sportartikeln, gibt es folgende Kostenstellen:
- *Lager & Einkauf*
- *Produktion*
- *Verwaltung Vertrieb*

Die Bildung von Kostenstellen kann dabei nach drei unterschiedlichen Kriterien erfolgen:
- nach betrieblichen Funktionen,
- nach Verantwortungsbereichen,
- nach Betriebsräumen.

In der Praxis findet man in der Regel die Kostenstellenbildung nach betrieblichen Funktionen. Die Kostenstellenbildung nach Verantwortungsbereichen empfiehlt sich dann, wenn die Wirtschaftlichkeitskontrolle Hauptzweck der Kostenrechnung sein soll.

Beispiel:
Bei dem Fitnessunternehmen FitWorld AG, mit Fitness-Studios in ganz Deutschland sind folgende Kostenstellen denkbar:

- Verwaltung
- Marketing
- Studio München
- Studio Hamburg
- Studio Frankfurt
- Studio Düsseldorf

Die Einteilung erfolgt nach Funktionsbereichen sowie nach Verantwortungsbereichen. Die Verwaltung (Personal- und Mitgliederverwaltung etc.) ist zentral gesteuert, ebenso das Marketing. Vor Ort ist jeder Studioleiter für die Kosten seines Studios verantwortlich (Honorarkräfte, Miete, Strom, Reinigung etc.).

Die Kostenstellenbildung in Anlehnung an die betrieblichen Funktionen ergibt folgende vier Hauptkostenstellen:

1. Materialkostenstelle: Beschaffung, Prüfung, Lagerung, Pflege, Ausgabe und Versicherung der Werkstoffe,

2. Fertigungskostenstelle: umfasst die Bereiche, des direkten Produktionsprozesses (z.B. Montage etc.) oder der Erstellung der Dienstleistung,

3. Verwaltungskostenstelle: alle Bereiche des Managements, Rechnungswesens, Personalabteilung und die sonstige allgemeine Verwaltung,

4. Vertriebskostenstelle: die Funktionsbereiche der Lagerung, Verpackung, des Verkaufs und des Versandes der Produkte sowie des Marketing.

3.3 Die Durchführung der Kostenstellenrechnung

3.3.1 Der einstufige Betriebsabrechnungsbogen

Im Betriebsabrechnungsbogen (BAB) werden die Gemeinkosten, die in der Kostenartenrechnung ermittelt wurden, auf die Kostenstellen umgelegt. Kostenstelleneinzelkosten (Löhne, etc.) werden direkt auf die Kosten-stellen verteilt. Die Gemeinkosten werden, sofern sie keiner Kostenstelle direkt zurechenbar sind, mit Hilfe von Verteilungsschlüsseln auf die Kostenstellen umgelegt. Die nachfolgende Tabelle stellt einen Betriebs-abrechnungsbogen (BAB) dar. Die Kostenstellen sind in horizontaler Richtung, die Kostenarten in vertikaler Richtung einzutragen. Jede Kostenart wird dabei in eine eigene Zeile eingetragen und jede Kostenstelle erhält eine eigene Spalte.

Im einstufigen BAB werden die Kosten der Hilfskostenstellen noch nicht auf die Hauptkostenstellen umgelegt. Ziel ist hier, die Gemeinkosten der jeweiligen Kostenstelle festzustellen und mithilfe einer Bezugsgröße als Zuschlagsgrundlage (z.B. Einzelkosten, Maschinenstunden, Material etc.) die Zuschlagssätze zu ermitteln.

Bei der Verteilung der primären Gemeinkosten auf die Kostenstellen wird zwischen direkter und indirekter Verteilung unterschieden. Direkte Verteilung liegt vor, wenn primäre Gemeinkosten einer Kostenstelle (gemäß dem Verursachungsprinzip oder dem Einwirkungsprinzip) der Kostenstelle direkt zugerechnet werden können.

Indirekte Verteilung liegt vor, wenn die primären Gemeinkosten den Kostenstellen nicht verursachungsgerecht zugeordnet werden können. Die primären Gemeinkosten werden dann gemäß dem Durchschnittsprinzip mit Schlüsselgrößen auf die Kostenstellen verteilt.

Typische Schlüsselgrößen sind:
- Lohn- und Gehaltssummen als Schlüssel für Sozialkosten,
- Raumfläche der Kostenstellen als Schlüssel für Raumkosten,
- das in den Kostenstellen gebundene Vermögen als Schlüssel für kalkulatorische Zinsen.

3.3.2 Der mehrstufige BAB

Bisher wurde unterstellt, dass die Gemeinkosten ausschließlich auf die vier Hauptkostenstellen verteilt werden, also auf Kostenstellen, in denen die Produkte für den Absatzmarkt produziert werden. In den Unternehmen gibt es jedoch zahlreiche (Hilfs-)Kostenstellen, die ihre Leistungen intern an andere Kosten-stellen abgeben. Diese Hilfskostenstellen lassen sich in allgemeine und in spezielle Hilfskostenstellen aufteilen. Die allgemeinen Hilfskostenstellen geben ihre Leistungen als innerbetriebliche Leitungen an fast alle übrigen Kostenstellen ab.

Beispiel:
Bei der FitWorld AG stellen das Marketing und die Verwaltung Hilfskostenstellen für die drei Studios (eigene Kostenstellen) dar. Die Kosten des Marketings werden nach der Mitgliederzahl der jeweiligen Studios umgelegt. Die Kosten der Verwaltungsstelle nach der Personalanzahl (gerechnet in vollen Stellen [z.B. zwei Halbtagskräfte ergeben eine volle Stelle] in den Studios), die Honorarkräfte sind dabei nicht mit eingerechnet.

Der BAB für den Beispielmonat Januar:
Die während einer Abrechnungsperiode in einer Hilfskostenstelle anfallenden Gemeinkosten werden entsprechend den Verteilungsschlüsseln auf die Hauptkostenstellen verteilt.

Kostenart (Gemeinkosten)	Marketing (Hilfskostenstelle)	Verwaltung (Hilfskostenstelle)	Studio 1 (950 Mitglieder, 9 Mitarbeiter)	Studio 2 (680 Mitglieder, 7 Mitarbeiter)
Gehälter	10.000,-	25.000,-	---[2]	---
Miete	3.000,-	6.000,-	---	---
Werbung	40.000,-			
Summe	**53.000,-**	**31.000**		
		Umlage Marketing:	30.890,-	22.110,-
		Umlage Verwaltung	17.437,5	13.562,5
		Summe Hauptkostenstellen	48.327,5	35.672,5

(in)

Wissensfragen zu 3.2 und 3.3

1) Was ist Aufgabe der Kostenstellenrechnung?

2) Was sind die Kriterien, die bei der Bildung von Kostenstellen eine Rolle spielen?

3) Was ist Aufgabe des einstufigen Betriebsabrechnungsbogens?

4) Was ist der Unterschied zwischen dem mehrstufigen BAB und dem einstufigen BAB?

Übungsaufgaben zu Kap. 3.2 und 3.3

1) Ein Unternehmen hat ein eigenes Elektrizitätswerk sowie eine eigene Wasserversorgung, die ihre Leistungen an die zwei Hauptkostenstellen „Fertigung" und „Montage" abgeben. In der Hilfskostenstelle fallen im Januar Kosten in Höhe von 3.000,- an, in der Hilfskostenstelle „E-Werk" fallen in derselben Zeit Kosten in Höhe von 2.500,- an.
Folgende Leistungsverflechtungen bestehen zwischen den Hilfs- und Hauptkostenstellen:

		Fertigung	Montage
Elektrizität	10.000 kW/h	6000 kW/h	4000 kW/h
Wasser	500 m³	400 m³	100 m³

2) Die Fit-Werk AG hat drei Studios in München als selbstverantwortliche Kostenstellen organisiert. Das Marketing und die Verwaltung sowie einen technischen Service sind zentral gesteuert.

Folgende Kosten sind in diesen Hilfskostenstellen in der Abrechnungsperiode angefallen:
- Marketing: 50.000,-
- Verwaltung: 40.000,-
- Technischer Service: 10.000,-

Daten zu den Hauptkostenstellen:

	Studio 1	Studio 2	Studio 3
Mitarbeiter	12	16	22
Mitglieder	700	900	800
Umsatz	300.000,-	400.000,-	500.000,-

Zeichnen Sie einen BAB und legen Sie die Kosten der Hilfskostenstellen auf die Hauptkostenstellen um.
→ Die Marketingkosten werden im Verhältnis des Umsatzes umgelegt!
→ Die Verwaltungskosten werden nach der Mitgliederzahl verteilt!

→ Die Kosten des technischen Services werden nach der Zahl der Mitarbeiter umgelegt.

3.4 Die Kostenträgerrechnung im Vollkostensystem

Die Hauptaufgabe der Kostenträgerrechnung (KTR) besteht in der Ermittlung von Angebotspreisen und kostenrechnerischen Preisuntergrenzen. In der KTR werden den einzelnen Kostenträgern und Kostenträgergruppen Kosten zugerechnet, die zuvor in der Kostenartenrechnung erfasst und in der Kostenstellenrechnung zum Teil weiterverrechnet wurden. In der KTR wird somit deutlich, wofür die Kosten innerhalb eines Betriebes angefallen sind. Außerdem ermöglicht sie die Ermittlung von Perioden- und Stückerfolgen und dient der Überwachung des Unternehmenserfolgs.

3.4.1 Die Divisionskalkulation

Das in der Handhabung einfachste Kalkulationsverfahren stellt die Divisionsrechnung dar. Bei ihr werden die Kosten je Kostenträgereinheit ermittelt, indem man die gesamten Kosten einer Rechnungsperiode durch die Zahl der erstellten Leistungseinheiten des Kostenträgers dividiert. Nach der Zahl der berücksichtigten Produktionsstufen unterscheidet man zwischen einstufiger und mehrstufiger Divisionsrechnung. Ferner kann man nach der Zahl der erstellten Produktarten zwischen einfacher und mehrfacher (simultaner) Divisionsrechnung differenzieren. Grundsätzlich liefert die Divisionskalkulation nur in einem Einproduktunternehmen zuverlässige Ergebnisse.

In dieser einfachsten Form werden die Selbstkosten pro Stück dadurch ermittelt, indem die Gesamtkosten durch die produzierte Menge dividiert werden. Die Gesamtkosten werden lediglich als Summe betrachtet, eine nähere Differenzierung der Kostenarten findet nicht statt.

Damit die summarische einstufige Divisionskalkulation zuverlässige Ergebnisse liefert, müssen jedoch folgende Voraussetzungen erfüllt sein:

- Es muss sich um ein Einproduktunternehmen handeln (völlig gleichartige Produkte).
- Die Produktionsmenge muss mit der Absatzmenge der Periode übereinstimmen. Es dürfen also keine Bestandsveränderungen an Fertigerzeugnissen auftreten.
- Es muss synchrone Fertigung vorliegen, d.h. es darf keine Änderung in der Höhe der Zwischenlagerbestände gegenüber dem Anfang der Periode stattfinden.

$$k = K / x$$

K = Gesamtkosten einer Periode
x = gesamte in dieser Periode produzierte Menge
k = Stückkosten

Die einstufige Divisionskalkulation wird hauptsächlich in Unternehmen wie Elektrizitätswerken, Wasserwerken, Mühlen, Ziegeleien oder in der Grundstoffindustrie angewendet und eignet sich auch für Unternehmen, die nur eine Dienstleistung (Fitnessstudios) anbieten.

Kosten- und Leistungsrechnung für Fachwirte

Beispiel:

Ausgangsbasis ist der folgende BAB aus einem vorigen Beispiel:

(In)

Kostenart (Gemeinkosten)	Marketing (Hilfskostenstelle)	Verwaltung (Hilfskostenstelle)	Studio 1 (950 Mitglieder, 9 Mitarbeiter)	Studio 2 (680 Mitglieder, 7 Mitarbeiter)
Gehälter	10.000,-	25.000,-	---[2]	---
Miete	3.000,-	6.000,-	---	---
Werbung	40.000,-			
Summe	53.000,-	31.000		
		Umlage Marketing:	30.890,-	22.110,-
		Umlage Verwaltung	17.437,5	13.562,5
		Summe Hauptkostenstellen	48.327,5	35.672,5

In den Kostenstellen Studio 1 und Studio 2 fallen folgende Einzelkosten im Monat Januar an:

Einzelkosten	Studio 1	Studio 2
Gehälter	10.000,-	8.000,-
Miete	6.000,-	4.000,-
Sonstiges	2.000,-	1.500,-

In der Summe (Einzelkosten und Gemeinkosten) ergibt sich:

Kosten (in)	Studio 1	Studio 2
Gesamtkosten	66.327,5	35.673,39

In der Divisionskalkulation werden nun die Gesamtkosten durch die Anzahl der Mitglieder geteilt, um die „Stückkosten", also die Kosten je Mitglied zu errechnen.

	Studio 1	Studio 2
Gesamtkosten	66.327,50	35.673,39
Mitglieder	950	680
Kosten je Mitglied	69,82	52,46

Der Mitgliedsbeitrag im Studio 1 muss also mindestens 69,82 betragen, damit das Studio kostendeckend arbeitet. Das Studio 2 hingegen muss nur 52,46 je Mitglied verlangen, um kostendeckend zu sein. Dabei handelt es sich jeweils um die Selbstkosten.

3.4.1.1 Die Preisermittlung bei der Divisionskalkulation

Der Preis wird bei der Divisionskalkulation einfach dadurch ermittelt, dass auf den ermittelten Selbstkosten ein Gewinnzuschlag sowie die Umsatzsteuer erhoben werden.

Selbstkosten
+ Gewinnzuschlag
Verkaufspreis netto
+ Umsatzsteuer
Verkaufspreis brutto

Beispiel: (Fortführung des vorigen Beispiels)

Monat Januar	Studio 1	Studio 2
Gesamtkosten	66.327,50	35.673,39
Mitglieder	950	680
Kosten je Mitglied	69,82	52,46
Gewinnzuschlag 20 %	13,96	10,49
Verkaufspreis netto	**83,78**	**62,95**
Umsatzsteuer 19 %	15,91	11,96
Verkaufspreis brutto	**99,69**	**74,91**

Das Studio 1 muss also einen monatlichen Mitgliedsbeitrag von 99,69 erheben, damit es die Kosten deckt und die Gewinnvorgabe von 20 % erfüllt.

3.4.2 Die Äquivalenzziffernkalkulation

Bei der Äquivalenzziffernkalkulation handelt es sich um eine Divisionskalkulation im weiteren Sinne. Im Gegensatz zur Divisionskalkulation setzt sie kein Einproduktunternehmen voraus, die Produkte sollten jedoch eine ähnliche Kostenstruktur aufweisen, sodass sich die kostenrechnerischen Unterschiede mithilfe von Verhältniszahlen ausdrücken lassen. Die Verhältniszahlen sollen die anteilige Kostenverursachung der verschiedenen Produktarten erfassen. Dies ist allerdings nur möglich, wenn die Kostenverursachung durch die verschiedenen Produktarten in einer proportionalen Beziehung zueinander steht.

Beispiel:
FitWorld bietet im Studio 1 unterschiedliche Mitgliedertarife an, aus denen sich ergibt, wie viele Tage das Studio besucht werden darf. Es gibt dazu drei Varianten:
- Mitgliedschaft Basic: 1-mal pro Woche (Tag egal)
- Mitgliedschaft Work: Montag bis Freitag
- Mitgliedschaft Complete: ganze Woche

In der Kalkulation wird von Normalkosten pro Monat in Höhe von 60.000,- ausgegangen.

Das Studio hat 150 Mitglieder mit dem Tarif Basic, 400 Personen mit Work und 250 mit Complete, insgesamt sind es 800 Mitglieder.

Nach dem Verhältnis der Studiobenutzung und der Mitgliederzahl werden nun die Gesamtkosten auf die Tarife übertragen.

Die Kosten (bei der Annahme einer zeitlichen Verursachung) werden nach der Möglichkeit des Studiobesuches aufgeteilt und stehen damit im Verhältnis: 1 : 5 : 7

Die verschiedenen Mitgliedsgruppen werden dann entsprechend der Gewichtung zu einer Einheitsgruppe umgerechnet:

*Basic: 150 P. * 1/13 = 11,53*
*Work: 400 P. * 5/13 = 153,85*
*Complete: 250 P. * 7/13 = 134,62*
Gesamtmenge: 300

Anschließend werden die Gesamtkosten durch die Menge der Einheitsgruppe dividiert:

60.000,- / 300 P. = 200,- /P.

Die Selbstkosten je Mitglied werden ermittelt, indem die Stückkosten der Einheitsgruppe mit der jeweiligen Äquivalenzziffer multipliziert werden.

*Basic: 200,- /P. * 1/13 = 15,38 /P.*
*Work: 200,- /P. * 5/13 = 76,92 /P.*
*Complete: 200,- /P. * 7/13 = 107,69 /P.*

Die Äquivalenzziffernkalkulation ist ein Kalkulationsverfahren, das möglichst anteilig die Kosten als Preisgrundlage berechnet. Es muss jedoch immer nach Marketinggesichtspunkten entschieden werden, welcher Preis am Markt auch tatsächlich durchsetzbar ist. So kann es in dem Falle des Beispiels durchaus sein, dass die Preisbereitschaft für den Basic-Tarif bei den Kunden höher liegt, bei Complete jedoch niedriger, dies ist letztlich immer zu berücksichtigen.

3.4.3 Kalkulation auf Basis der Normalkosten

Rückblickend auf das Beispiel zur Berechnung der Mitgliedsbeiträge stellt sich die Frage, was passiert, wenn der Monat Januar ein außer-ordentlicher Monat war, indem z.B. die Mitgliederzahl außergewöhnlich hoch war oder die Kosten nicht dem „Normalfall" entsprochen haben.

Beispiel und Lernaufgabe:

Monat Januar	Studio 1	Studio 2
Gesamtkosten	66.327,50	35.673,39
Mitglieder	950	680
Kosten je Mitglied	69,82	52,46
Gewinnzuschlag 20 %	13,96	10,49
Verkaufspreis netto	**83,78**	**62,95**
Umsatzsteuer 19 %	15,91	11,96
Verkaufspreis brutto	**99,69**	**74,91**

Mitgliedsbeitrag Studio 1: ~ 100,-

Mitgliedsbeitrag Studio 2: ~ 75,-

Kosten- und Leistungsrechnung für Fachwirte

Im Monat Januar war die Mitgliederzahl im Studio 1 durch ein Schnupperangebot außerordentlich erhöht. Über 200 Mitglieder haben ein 1-monatiges Probeangebot genutzt, dieses jedoch nicht verlängert!

Wie würde im Februar sonst gleich bleibenden Werten der Mitgliedsbeitrag aussehen?

Lösung:

Monat Januar	Studio 1
Gesamtkosten	66.327,50
Mitglieder	**750**
Kosten je Mitglied	88,43
Gewinnzuschlag 20 %	17,69
Verkaufspreis netto	**106,12**
Umsatzsteuer 19 %	20,16
Verkaufspreis brutto	**126,28**

Die Aufgabe zeigt, dass das Herausgreifen der Ist-Werte eines Monates zu einer völlig verfälschten Kalkulation führen kann. Aus diesem Grund sollte für die Festlegung von Angebotspreisen auf Durchschnittswerte zurückgegriffen werden (sog. Normalkosten). In einem beständigen Vergleich der Normalkosten mit den Istkosten zeigt sich, wie sich die tatsächlichen Kosten gegenüber den Kalkulationskosten entwickeln. Nach einiger Zeit müssen dann die Normalkosten angepasst werden.

Beispiel:
In der Kostenrechnung werden die Durchschnittswerte pro Monat für das Studio 1 und das Studio 2 ermittelt. Dabei ergeben sich folgende Werte:

Normalkosten pro Monat	Studio 1	Studio 2
Gesamtkosten	60.000,-	38.000,-
Durschnitt Mitglieder	800	700
Kosten je Mitglied	75,-	54,29
Gewinnzuschlag 20 %	15,-	10,86
Verkaufspreis netto	**90,-**	**65,15**
Umsatzsteuer 19 %	17,10	12,38
Verkaufspreis brutto	**107,10**	**77,53**

Bei den monatlichen Kosten handelt es sich um die Durchschnittskosten der vergangenen 10 Monate (Normalkosten). Auf diese Weise kann sichergestellt werden, dass keine Sondereinflüsse die Kalkulation verzerren.

In regelmäßigen Abständen sollte überprüft werden, ob die Normalkosten noch mit dem Istkosten in Einklang sind.

Kosten- und Leistungsrechnung für Fachwirte

3.4.4 Vergleich der Normalkosten mit den Ist-Kosten

Eine regelmäßige Überprüfung der Normalkosten anhand der tatsächlich angefallenen Kosten (Istkosten) ist in regelmäßigen Abständen angeraten, damit es nicht zu Fehlkalkulationen kommt.

Beispiel:
Die Normalkosten und die darauf aufbauende Kalkulation des Mitgliedsbeitrages sind wie im vorigen Beispiel:

Normalkosten pro Monat	Studio 1	Studio 2
Gesamtkosten	60.000,-	38.000,-
Durschnitt Mitglieder	800	700
Kosten je Mitglied	75,-	54,29
Gewinnzuschlag 20 %	15,-	10,86
Verkaufspreis netto	**90,-**	**65,15**
Umsatzsteuer 19 %	17,10	12,38
Verkaufspreis brutto	**107,10**	**77,53**

Für Studio 1 zeigt sich ein folgender Ist-Kostenverlauf über 6 Monate, zudem ist die Entwicklung der Zahl der Mitglieder dargestellt:

	Januar	Februar	März	April	Mai	Juni
Istkosten	66.327,50	72.500,40	63.400,40	61.800,45	68.456,87	63.500
Mitglieder	950	748	769	801	812	789

Ein Überblick zeigt, dass die bisher angesetzten Normalkosten mit 60.000,- zu niedrig sind. Ein Vergleich Normal-Ist ergibt folgendes Bild:

	Januar	Februar	März	April	Mai	Juni
Istkosten	66.327,50	72.500,40	63.400,40	61.800,45	68.456,87	63.500
Ist-Mitglieder	950	748	769	801	812	789
Normalkosten	60.000,-	60.000,	60.000.-	60.000,-	60.000,-	60.000,-
Normal-Mitglieder	800	800	800	800	800	800
Kostenüber-unterdeckung	-6.327,50	-12.500,40	-3.400,40	-1.800,45	-8.456,87	-3.500,-

Der Kostenvergleich zeigt deutlich, dass in jedem der 6 Monate Kosten nicht durch die Kalkulation gedeckt waren und damit zulasten des Gewinns gehen. Das Studio 1 hat also die ganze Zeit über einen zu geringen Beitrag erhoben.

3.4.5 Plan-Kostenrechnung in der Vollkostenrechnung bei Fitness-Centern

Besser als die Normalkosten ist es, die Kalkulation nach Plankosten vorwegzunehmen. Dabei muss für die Zukunft abgeschätzt werden, wie sich die Kosten entwickeln werden.

Beispiel:
Für die Kalkulation der neuen monatlichen Mitgliedspreise werden auf der Basis der Istkosten folgende Schätzungen vorgenommen.

Ausgangspunkt ist der BAB mit den Ist-Daten:

Kostenart (Gemeinkosten)	Marketing (Hilfskostenstelle)	Verwaltung (Hilfskostenstelle)	Studio 1 (950 Mitglieder, 9 Mitarbeiter)	Studio 2 (680 Mitglieder, 7 Mitarbeiter)
Gehälter	10.000,-	25.000,-	---²	---
Miete	3.000,-	6.000,-	---	---
Werbung	40.000,-			
Summe	53.000,-	31.000		
		Umlage Marketing:	30.890,-	22.110,-
		Umlage Verwaltung	17.437,5	13.562,5
		Summe Hauptkostenstellen	48.327,5	35.672,5

Folgende Entwicklungen sind zu erwarten:
- *Die Mietpreise werden aufgrund der steigenden Nebenkosten steigen.*
- *Die Werbekosten werden aufgrund der konjunkturell schwierigen Lage eher sinken, da es eine hohe Konkurrenz bei den Printmedien gibt.*
- *Die Gehälter werden aufgrund der steigenden Sozialversicherungsbeiträge steigen.*
- *Es wird angenommen, dass die Mitgliederzahl gleich bleiben wird.*

Kostenstellenrechnung mit den Plankosten:

Kostenart (Gemeinkosten)	Marketing (Hilfskostenstelle)	Verwaltung (Hilfskostenstelle)	Studio 1 (950 Mitglieder, 9 Mitarbeiter)	Studio 2 (680 Mitglieder, 7 Mitarbeiter)
Gehälter	12.000,-	28.000,-	---²	---
Miete	5.000,-	7.000,-	---	---
Werbung	38.000,-			
Summe	55.000,-	35.000		
		Umlage Marketing:	32.055,21	22.944,79
		Umlage Verwaltung	19.687,50	15.312,50
		Summe Hauptkostenstellen	51.742,71	38.265,29

Für die Einzelkosten werden folgende Werte geplant:

Einzelkosten	Studio 1	Studio 2
Gehälter	11.000,-	9.000,-
Miete	7.000,-	5.000,-
Sonstiges	1.000,-	1.500,-

In der Kostenträgerrechnung ergeben sich dann folgende Werte:

Plandaten	Studio 1	Studio 2
Gesamtkosten	70.742,71	53.765,29
Durschnitt Mitglieder	950	680
Kosten je Mitglied	74,47	79,10
Gewinnzuschlag 20 %	14,89	15,78
Verkaufspreis netto	**89,36**	**94,88**
Umsatzsteuer 19 %	16,98	18,03
Verkaufspreis brutto	**106,34**	**112,91**

Ein fortlaufender Abgleich mit den Ist-Werten ist auch in der Plankostenrechnung notwendig, da es auch hier darauf ankommt, die Kosten möglichst genau abzudecken. Werden die Plankosten zu großzügig angesetzt, kann es passieren, dass der Preis zu hoch wird und letztlich vom Markt nicht mehr akzeptiert wird.

Wissensfragen zu Kapitel 3.4

1) Wozu dient die einstufige Divisionskalkulation?

2) Was ist der Unterschied zwischen der Äquivalenzziffernkalkulation und der Divisionskalkulation?

3) Warum sollte die Kalkulation auf Basis von Normalkosten erfolgen?

4) Was ist der Vorteil der Kalkulation mit Plankosten?

Kosten- und Leistungsrechnung für Fachwirte

Übungsaufgaben zu Kapitel 3.4

1)
a) Vervollständigen Sie zunächst folgenden BAB der FitWorld GmbH:

Marketing (Hilfskostenstelle)	Verwaltung (Hilfskostenstelle)	Studio 1 (480 Mitglieder)	Studio 2 (670 Mitglieder)
30.000,-			
	20.000,-		

Die Kosten des Marketings werden gemäß der Mitgliederzahl zwischen den Studios aufgeteilt. Die Verwaltungskosten werden im Verhältnis 2:3 aufgeteilt.

b)
In den Kostenstellen Studio 1 und Studio 2 fallen folgende Einzelkosten im Monat Januar an:

Einzelkosten	Studio 1	Studio 2
Gehälter	12.000,-	14.000,-
Miete	5.000,-	6.000,-
Sonstiges	1.000,-	3.000,-

Berechnen Sie den Mitgliedsbeitrag je Mitglied bei einem Gewinnzuschlag von 20 % (Nettopreis).

2) Das Studio FitMax kalkuliert mit monatlich 22.000, - Normalkosten. Es hat durchschnittlich 450 Mitglieder, davon haben 100 Mitglieder den sog. Hausfrauentarif, d.h. sie können nur von 08-16.00 Uhr das Studio benutzen. Das Studio ist jeden Tag von 08.00 – 23.00 Uhr geöffnet.

Kalkulieren Sie mit der Äquivalenzziffernkalkulation den Mitgliedsbeitrag bei einer Gewinnmarge von 25 %. Hinweis: Überlegen Sie zunächst, an welchen Daten sich der Mitgliedsbeitrag proportional ausrichten soll!

3) Die Geschäftsführung der Sport-Center GmbH bespricht in einem Meeting, ob die Mitgliedsbeiträge für das kommende Jahr erhöht werden sollen. Die Normalkosten der gegenwärtigen Kalkulation weisen folgende Beträge auf:

Mit in der Planung soll berücksichtigt werden, dass das Studio einen Imagewandel vollziehen möchte. Es soll die persönliche Betreuung im Studio stärker betont werden, weshalb zusätzlich ein Trainer mit einer Vollzeitstelle (Gehalt: 2.500,-) eingestellt werden soll. Zudem sollen die Marketingaktivitäten stark ausgeweitet werden, da der Mitgliederstamm zu gering ist (zusätzliche Marketingkosten von 1.000,- im Monat). Da in dem Gebäude noch ein zusätzlicher Raum für Kurse angemietet wird, steigt die

Kosten- und Leistungsrechnung für Fachwirte

Miete auf 5.000,- . Die Energiekosten werden in der Planung aufgrund der höheren (erhofften) Mitgliederzahl um 40 % steigen.

Das Studio hat bisher 300 Mitglieder, in der Plankostenrechnung wird nun davon ausgegangen, dass die Mitgliederzahl auf 450 gesteigert werden kann.

Gehälter	10.000,-
Miete	4.000,-
Marketing	2.000,-
Energie	1.000,-

a) Wie hoch war der bisherige Mitgliedsbeitrag (netto, ohne USt), wenn das Studio mit einem 20%igen Gewinnaufschlag kalkuliert?
b) Berechnen Sie mithilfe der Plankostenrechnung den neuen Mitgliedsbeitrag!
c) Beurteilen Sie das Ergebnis!

4. Die Kostenträgerstückrechnung

Folgende Lernziele sollen Sie in diesem Kapitel erreichen:
√ **Kenntnisse über die Angebotskalkulation auf der Grundlage der Kostenträgerstückrechnung erlangen!**
√ **Überblick über die verschiedenen Methoden der Angebotskalkulation erhalten!**
√ **Kenntnisse über die wichtigen Faktoren der Kostenträgerstückrechnung erhalten und diese Faktoren definieren können!**

4.1 Die progressive Angebotskalkulation des Handels

Die Handelskalkulation ist eine vereinfachte Form der Zuschlags-kalkulation. Auf den Bezugspreis wird ein Handlungskostenzuschlag geschlagen, der die Gemeinkosten im Handelsbetrieb abdecken soll. Die damit errechneten Selbstkosten sind dann Basis für den Gewinnzuschlag, durch dessen Zurechnung sich der Angebotspreis (Barverkaufspreis) ergibt. Je nach Handelsgewerbe kann es sinnvoll sein, in den Angebotspreis auch das Kundenskonto, eine Verkäuferprovision sowie den Kundenrabatt mit einzukalkulieren. Das Kalkulationsschema hat dann ausgehend von den Selbstkosten die folgende Form:

Bezugspreis
+ Handlungskostenzuschlag
Selbstkosten
+ Gewinnzuschlag
Barverkaufpreis
+ Vertreterprovision
+ Kundenskonto
Zielverkaufspreis
+ Kundenrabatt
Listenverkaufspreis netto
+ Umsatzsteuer
Listenverkaufspreis brutto

Der Handlungskostenzuschlag in Prozent gibt das prozentuale Verhältnis der Gemeinkosten des Handelsbetriebes zum Wert des Wareneinsatzes (Umsatz zu Einstandspreisen).

$$\text{Handlungskostenzuschlagssatz} = \frac{\text{Gemeinkosten} * 100}{\text{Wareneinsatz}}$$

Vom Handlungskostenzuschlagssatz ist die Handelsspanne zu unterscheiden. Während der Handlungskostenzuschlagssatz die Differenz zwischen dem Bezugspreis und den Selbstkosten wiedergibt, umfasst die Handelsspanne die Differenz zwischen Warenbezugspreis und Angebotspreis (ohne USt).

Kosten- und Leistungsrechnung für Fachwirte

$$\textit{Handelsspanne} = \frac{(\text{Angebotspreis} - \text{Bezugspreis}) * 100}{\text{Angebotspreis}}$$

Die Handelsspanne gibt an, wie viel Prozent des Angebotspreises für den Handel bestimmt sind zur Deckung der Kosten und des Gewinns.
Für eine vereinfachte Kalkulation ist der Kalkulationsfaktor hilfreich. Der Kalkulationsfaktor ist eine Verhältniszahl, mit der man den Warenbezugspreis multiplizieren muss, um den Angebotspreis zu erhalten:

$$\textit{Bezugspreis} * \textit{Kalkulationsfaktor} = \textit{Angebotspreis}$$

⇔

$$\textbf{Kalkulationsfaktor} = \frac{\text{Angebotspreis}}{\text{Bezugspreis}}$$

Im Handel ist die Kalkulation des Verkaufspreises abhängig von den Einkaufspreisen, bei denen eventuell noch ein Rabatt oder ein Skonto erzielt werden kann. Aus diesem Grund wird der Verkaufspreis vom Einkaufspreis ausgehend kalkuliert:

Beispiel & Lernaufgabe:
Die Handels KG kalkuliert den Listenverkaufspreis des Rennrades Explorer, das in der kommenden Woche angeboten werden soll. Der Listeneinkaufspreis beträgt 200,00 (netto). Der Liefererrabatt beträgt 20 %, das Liefererskonto 3 % und die Bezugskosten 10,- / St. Die KG kalkuliert mit einem Handlungskostenzuschlagssatz von 40 %. Die Gewinnspanne soll 20 % betragen. Das Handelsunternehmen gewährt seinen Kunden ein Skonto von 2 %. Die Handelsvertreter erhalten eine Provision von 10 %. Der Rabatt an Kunden beläuft sich auf 10 %.

Berechnen Sie den Listenverkaufspreis (Lösung auf der folgenden Seite):

Lösung:

Listeneinkaufspreis	200,00	100 %	
- 20 % Liefererrabatt	40,00	20 %	
Zieleinkaufspreis	160,00	80 %	100%
- 3 % Liefererskonto	4,80		3 %
Bareinkaufspreis	155,20		97 %
+ Bezugskosten	10,00		
Bezugspreis	165,20	100 %	
+ Handlungskosten	57,82	35 %	
Selbstkosten	223,02	135 %	100 %
+ Gewinnzuschlag	44,06		20 %
Barverkaufpreis	267,62	92 %	120 %
+ Vertreterprovision	14,54	5 %	
+ Kundenskonto	8,73	3 %	
Zielverkaufspreis	290,89	100 %	90 %
+ Kundenrabatt	32,32		10 %
Listenverkaufspreis netto	323,21		100 %

Kosten- und Leistungsrechnung für Fachwirte

4.2 Die retrograde Angebotskalkulation

Die retrograde Kalkulation wird angewendet, wenn der Verkaufspreis durch den Markt vorgegeben ist (z.B. durch die harte Konkurrenz auf dem Markt). Der Listenverkaufspreis wird also als gegeben betrachtet, mithilfe des Kalkulationsschemas wird dann errechnet, wie hoch der Einkaufspreis höchstens sein darf, damit das Produkt, unter Bewahrung der Gewinnmarge, noch zum Marktpreis angeboten werden darf.

Beispiel:
Die Handels KG kann den kalkulierten Verkaufspreis von 323,21 des Fahrrades „Explorer" (siehe voriges Fallbeispiel) aufgrund der harten Konkurrenz auf dem Fahrradmarkt nicht durchsetzen, der Marktpreis für das Fahrrad beläuft sich auf 280,- . Die Gewinnmarge v on 20 % soll auf jeden Fall gehalten werden. Aus diesem Grund muss der Listeneinkaufspreis niedriger sein. Wie hoch darf der Listeneinkaufspreis höchstens sein?

(Lösungen auf der nächsten Seite)

Kosten- und Leistungsrechnung für Fachwirte

Lösung:

Listeneinkaufspreis	96,73	100 %	
- 20 % Liefererrabatt	32,25	20 %	
Zieleinkaufspreis	**128,98**	**80 %**	**100%**
- 3 % Liefererskonto	4,12		3 %
Bareinkaufspreis	**133,10**		**97 %**
+ Bezugskosten	10,00		
Bezugspreis	**143,10**	**100 %**	
+ Handlungskosten	50,10	35 %	
Selbstkosten	**193,20**	**135 %**	**100 %**
+ Gewinnzuschlag	38,64		20 %
Barverkaufspreis	**231,84**	**92 %**	**120 %**
+ Vertreterprovision	12,60	5 %	
+ Kundenskonto	7,56	3 %	
Zielverkaufspreis	**252,00**	**100 %**	**90 %**
+ Kundenrabatt	28,00		10 %
Listenverkaufspreis netto	**280,00**		**100 %**

Kosten- und Leistungsrechnung für Fachwirte

4.3 Die Differenzkalkulation

Die Differenzkalkulation wird dann angewendet, wenn sowohl der Einkaufspreis als auch der Verkaufspreis von den Märkten festgelegt sind bzw. Verhandlungsspielräume für diese zwei Preise ausgereizt sind. Hier wird dann mit der Kalkulation überprüft, ob es überhaupt lohnenswert ist, den Artikel mit in das Sortiment aufzunehmen. Mit der progressiven Kalkulation wird der Selbstkostenpreis, mit der retrograden wird der Barverkaufspreis ermittelt.

Beispiel und Lernaufgabe:

Die Sporthandels AG möchte das Fahrrad „Explorer" in ihrem Sortiment anbieten. Aufgrund der harten Konkurrenz auf dem Fahrradmarkt darf es nicht teurer als 280,- sein. Die Verhandlungen mit den Lieferanten haben einen Listeneinkaufspreis von 110,- ergeben. Der Lieferant gewährt einen Rabatt von 20 % sowie ein Skonto von 3 %. Die Bezugskosten betragen 10,-, der Handlungskostenzuschlagssatz liegt bei 35 %. Die AG kalkuliert mit einer Verkäuferprovision von 5 % und einem Kundenskonto von 3 %. Sie gewährt zudem einen Kundenrabatt von 10 %.

Überprüfen Sie ob, das Produkt gewinnbringend angeboten werden kann!

(Lösungen auf der nächsten Seite)

Lösung:

Listeneinkaufspreis	110,00	100 %	
- 20 % Liefererrabatt	22,00	20 %	
Zieleinkaufspreis	132,00	80 %	100%
- 3 % Liefererskonto	3,96		3 %
Bareinkaufspreis	135,96		97 %
+ Bezugskosten	10,00		
Bezugspreis	145,96	100 %	
+ Handlungskosten	51,10	35 %	
Selbstkosten	197,06	135 %	100 %
+ Gewinnzuschlag	**34,78**		
Barverkaufspreis	231,84	92 %	120 %
+ Verkäuferprovision	12,60	5 %	
+ Kundenskonto	7,56	3 %	
Zielverkaufspreis	252,00	100 %	90 %
+ Kundenrabatt	28,00		10 %
Listenverkaufspreis netto	280,00		100 %

Die Gewinnspanne beträgt dann:

$$\text{Gewinnspanne} = \frac{\text{Gewinn} * 100}{\text{Selbstkosten}}$$

$$\text{Gewinnspanne} = \frac{34,78 * 100}{197,06}$$

$$\text{Gewinnspanne} = 17,65 \text{ \%}$$

Die Gewinnspanne ist ausreichend, sodass das Produkt in das Sortiment aufgenommen werden kann.

Wissensfragen zu Kapitel 4

1.) Beschreiben Sie den Unterschied zwischen der progressiven und der retrograden Angebotskalkulation!

2.) Warum gibt es den in 1.) beschriebenen Unterschied?

3.) Welchem Zweck dient die Differenzkalkulation?

Übungsaufgaben zu Kapitel 4

1) Die Sporthaus AG kalkuliert den Listenverkaufspreis des Snowboards „Snow-Racer", das ab Herbst in den Geschäften sowie im Online-Shop angeboten werden soll. Der Listeneinkaufspreis beträgt 100,00 (netto). Der Lieferrabatt beträgt 20 %, das Liefererskonto 3 % und die Bezugs-kosten 5,- /St. Die AG kalkuliert mit einem Handlungskost enzuschlags-satz von 50 %. Die Gewinnspanne soll 20 % betragen. Das Handelsunter-nehmen gewährt seinen Kunden ein Skonto von 2 %. Der Rabatt an Kunden beläuft sich auf 10 %.

Berechnen Sie den Listenverkaufspreis!

2) Die Sporthaus AG möchte in das Sortiment den Cardio-Trainer „Heart Plus" aufnehmen, der sich insbesondere bei Senioren größter Beliebtheit erfreut und am Markt gut nachgefragt wird. Die Sporthaus AG möchte den Markt mit einem guten Angebot von 450,- /Stück bee indrucken. Welcher Bezugspreis muss bei den Verhandlungen mit den Zulieferern erreicht werden, damit die üblichen Konditionen (siehe Aufgabe 1) in der Kalkulation berücksichtigt werden können?

5. Die Teilkostenrechnung

Folgende Lernziele sollen Sie in diesem Kapitel erreichen:

√ **Einen Überblick über die Grundlagen der Teilkostenrechnung erhalten!**
√ **Kenntnis über den Zweck dieser Kostenrechnungsart erhalten!**
√ **Einen Überblick über die einzelnen Methoden der Deckungsbeitragsberechnung erhalten!**
√ **Einen Einblick über die Anwendungsgebiete der Teilkostenrechnung erhalten!**

5.1 Der Zweck der Teilkostenrechnung

In der Vollkostenrechnung wird keine Unterscheidung zwischen beschäftigungsabhängigen (variablen) und beschäftigungsunabhängigen (fixen) Kosten vorgenommen. In der Dienstleitungsbranche, somit auch bei Fitnesscentern, ist es jedoch die gebräuchlichste Form, nicht zuletzt aus dem Grund, dass diese Branche durch ein hohes Maß an Fixkosten geprägt ist. In der Industrie verursacht die Herstellung jedes einzelnen Produktes direkt messbare Zusatzkosten (variable Kosten), weshalb dort die Teilkostenrechnung einen sinnvollen Einsatz findet.

Beispiel:
Die Höhe der Mietkosten für eine Fertigungshalle ist unabhängig von der Anzahl der Produkte, die in ihr produziert werden. In der Vollkostenrechnung werden die Mietkosten (fixe Kosten) auf die Produktionsmenge umgelegt. Dies führt zu einer Verzerrung der Stückkosten, da eine geringe Produktionsmenge scheinbar mehr Kosten „verursacht" als eine große Produktionsmenge. Dies hat zur Folge, dass bei einer sinkenden Kapazitätsauslastung (z.B. aufgrund geringerer Nachfrage) die Gemeinkostenzuschlagssätze steigen, da die fixen Kosten nun auf eine geringere Ausbringungsmenge verteilt werden müssen.

Bei Beschäftigungsschwankungen führt das Vollkostenprinzip zu einem widersinnigen Verhalten. Bei mangelnder Kapazitätsauslastung erhöhen sich die Fixkosten je Einheit und somit die Stückkosten. Werden diese Kosten der Kalkulation des Verkaufspreises zugrunde gelegt, besteht die Gefahr, dass das Unternehmen seine Konkurrenzfähigkeit verliert. Der Absatz sinkt aufgrund des sich erhöhenden Preises, da die Fixkosten auf immer weniger Produkte umverteilt werden. Bedenkt man, dass die Fixkosten unabhängig von der Beschäftigungssituation - ja selbst bei Stillstand der Anlagen – anfallen, muss ein nach Gewinn strebendes Unternehmen bei Unterbeschäftigung selbst dann einen Auftrag annehmen, wenn nur die variablen Kosten gedeckt werden. Decken die Verkaufserlöse noch einen Teil der Fixkosten, dann führt dieser positive Deckungsbeitrag zu einer Verbesserung des Betriebsergebnisses.

Der Deckungsbeitrag (db) bezeichnet die Differenz zwischen Verkaufspreis (p) und den variablen Kosten (kv):

$$db = p - kv$$

Bei der Teilkostenrechnung werden nur die variablen Kosten auf die Kostenträger verrechnet, da nur diese Kosten durch die Produktion zusätzlich verursacht werden. Diese Grenzkostenbetrachtung führt dazu, dass dem Unternehmen bei einer Unterbeschäftigungssituation für Verkaufsverhandlungen eine Untergrenze gesetzt wird. Jeder realisierbare Marktpreis über den variablen Kosten erhöht das Betriebsergebnis.

Beispiel:
Die Bike GmbH stellt Fahrräder für den sportlichen Gebrauch her. Mit im Sortiment befindet sich ein City-Bike, das nach Meinung des Controllers für das Unternehmen nur Verluste einbringt. Bisher wurde die Vollkostenrechnung angewendet. Bei einer Produktionsmenge von 1.000 Stück in einem Jahr ergeben sich folgende Daten:

Verkaufspreis je Fahrrad (p) = 500,-
variable Kosten je Fahrrad (k_{var}) = 400,-
fixe Kosten je Fahrrad (k_{fix}) = 180,-

Vollkostenrechnung:	Teilkostenrechnung:
p 500,-	p 500,-
- (k_{var} + k_{fix}) 580,-	- k_{var} 400,-
Verlust - 80,-	db 100,-

Da die Fixkosten kurzfristig nicht abbaubar sind, hilft das Stadtfahrrad, das in der Vollkostenrechnung noch zum Verlustartikel erklärt wurde, diese mit seinem positiven Deckungsbeitrag zu decken.

Der Deckungsbeitrag pro Stück darf allerdings **nicht mit dem Gewinn** pro Stück gleichgesetzt werden. Gewinne entstehen erst, wenn die Fixkosten durch die Deckungsbeiträge voll gedeckt sind. Aus diesem Grund müssen die Deckungsbeiträge auf lange Sicht immer auch die Fixkosten decken! Die Kostenrechnungssysteme der Teilkostenrechnung wurden entwickelt, um unter anderem die Nachteile der Vollkostenrechnung aufzuarbeiten.

5.2 Die Deckungsbeitragsrechnung

5.2.1 Die einstufige Deckungsbeitragsrechnung

In der Deckungsbeitragsrechnung werden die Kosten in variable und fixe Kosten aufgeteilt. Die Beschäftigung ist die einzige flexible Kosteneinflussgröße. Die variablen Kosten sind proportional abhängig von der Beschäftigung, sie sind somit die Grenzkosten. Grenzkosten sind die zusätzlichen Kosten bei der Produktion einer zusätzlichen Mengeneinheit.

> **Grenzkosten: die zusätzlichen Kosten bei der Produktion einer zusätzlichen Mengeneinheit**

In der Teilkostenrechnung werden den Kostenträgern (z.B. den Produkten) nur die proportionalen Kosten zugerechnet. Die Zurechnung erfolgt nach dem Verursachungsprinzip. Die fixen Kosten werden nicht den Kostenträgern zugerechnet, sondern für das gesamte Unternehmen in einer Summe zusammengefasst. Die Deckungsbeitragsrechnung wird – wie die Kostenrechnungssysteme auf Vollkostenbasis – als geschlossenes System durchgeführt und umfasst die:

- Kostenartenrechnung
- Kostenstellenrechnung
- Kostenträgerrechnung

5.2.1.1 Die Kostenartenrechnung in der Teilkostenrechnung

Die Kostenartenrechnung der einstufigen Deckungsbeitragsrechnung unterscheidet sich nicht wesentlich von der Kostenartenrechnung der Vollkostenrechnung. In der einstufigen Deckungsbeitragsrechnung ordnet die Kostenartenrechnung die Gesamtkosten insbesondere nach fixen und variablen Kosten.

Zu den variablen Kosten zählen z.B.:
- Fertigungsmaterial
- Fertigungslöhne
- Lohnnebenkosten

Zu den fixen Kosten zählen im z.B.:
- Gehälter
- Abschreibungen
- Kalk. Zinsen

5.2.1.2 Die Kostenstellenrechnung in der Teilkostenrechnung

Die Kostenstellenrechnung weist im Vergleich zur Vollkostenrechnung ebenfalls nur geringe Abweichungen auf. In der Kostenstellenrechnung der einstufigen Deckungsbeitragsrechnung werden allerdings nur die variablen Kosten auf die betriebliche Leistung verrechnet. Da die fixen Kosten nicht in die Kostenträgerrechnung übernommen werden erübrigt sich eine Umlage fixer Gemeinkosten. In den BAB werden somit nur die variablen Gemeinkosten aus der Kostenartenrechnung übernommen, um sie auf die Kostenstellen umzulegen. Anschließend werden die Zuschlagssätze errechnet.

5.2.1.3 Die Kostenträgerrechnung in der Teilkostenrechnung

In der Kostenträgerrechnung der Deckungsbeitragsrechnung wird der grundlegende Unterschied zur Vollkostenrechnung sichtbar. Die Kostenträgerrechnung lässt sich in die Kostenträgerzeit- und Kostenträgerstückrechnung unterteilen. In der Kostenträgerzeitrechnung wird das Betriebsergebnis über einen bestimmten Zeitraum ermittelt. Die Kostenträgerstückrechnung ermittelt den Beitrag jeder Produktionseinheit zum Betriebsergebnis.

5.2.1.4 Die Kostenträgerzeitrechnung in der Teilkostenrechnung

In der Kostenträgerzeitrechnung der Deckungsbeitragsrechnung werden von den Umsatzerlösen zunächst die variablen Kosten abgezogen, woraus sich das Bruttoergebnis (Bruttodeckungsbeitrag) ergibt. Im Anschluss wird vom Bruttoergebnis der Fixkostenblock abgezogen, um das Nettoergebnis der Periode zu errechnen. Die variablen Kosten werden meist detailliert mit dem Verkaufspreis verrechnet (variable Einzelkosten der Fertigung etc.), während die Fixkosten nur also Blockgröße abgerechnet werden. Die Fixkosten erfahren somit keine mehrstufige, detaillierte Abrechnung, was auch zu der Benennung des Kostenrechnungssystems „einstufige Deckungsbeitragsrechnung" geführt hat.

Mit der Kostenträgerzeitrechnung lassen sich vor allem folgende Fragen klären:

- Welche Produktart/Dienstleistung ist hinsichtlich ihres Deckungsbeitrages wirtschaftlich sinnvoll?
- Wie viele Einheiten müssen produziert werden, bis die Gewinnzone erreicht ist?

Schematisch erfolgt die Betriebsergebnisrechnung als kurzfristige Erfolgsrechnung, in dem die einstufige Deckungsbeitragsrechnung in der nachstehenden Staffelform angewendet wird.

Ermittlung für ein Unternehmen mit drei Produktarten:

Produkt I	Produkt II	Produkt III
Erlöse (Umsatz)	Erlöse (Umsatz)	Erlöse (Umsatz)
- variable Einzelkosten - variable Gemeinkosten	- variable Einzelkosten - variable Gemeinkosten	- variable Einzelkosten - variable Gemeinkosten
Deckungsbeitrag	Deckungsbeitrag	Deckungsbeitrag

Bruttoergebnis (Gesamtdeckungsbeitrag aller Produktarten)

- Fixkosten der Periode des Unternehmens

Nettoergebnis

Beispiel:
Der Büromöbelhersteller „Skandinavia" stellt im ersten Quartal 100 Aktenschränke und 50 Schreibtische her, die in diesem Zeitraum voll am Markt abgesetzt werden können.

Folgenden Daten aus der Kostenstellenrechnung liegen vor:

Verkaufspreis je Aktenschrank:	300,-
Verkaufspreis je Schreibtisch:	200,-
Variable Einzelkosten Aktenschrank:	15.000,-
Variable Einzelkosten Schreibtisch:	5.000,-
Variable Gemeinkosten Aktenschrank:	3.000,-
Variable Gemeinkosten Schreibtisch:	2.000,-
Fixkosten gesamt:	8.000,-

Vom Aktenschrank wurden im Rechnungszeitraum 100 St. abgesetzt, von den Schreibtischen 50 St..
Stellen Sie mithilfe der Betriebsergebnisrechnung das Bruttoergebnis und das Nettoergebnis fest!

Lösung:

Aktenschrank		**Schreibtisch**	
Erlöse:	30.000,-	Erlöse:	10.000,-
- variable Einzelkosten:	15.000,-	- variable Einzelkosten:	5.000,-
- variable Gemeinkosten:	5.000,-	- variable Gemeinkosten:	2.000,-
Deckungsbeitrag :	10.000,-	Deckungs-beitrag:	3.000,-
Bruttoergebnis: 13.000,-			
- Fixkostenblock: 8.000,-			
Nettoergebnis: 5.000,-			

Die Kostenträgerzeitrechnung der einstufigen Deckungsbeitragsrechnung wird stets als Umsatzkostenverfahren durchgeführt, d.h. den Erlösen werden nur die Kosten der abgesetzten Menge gegenübergestellt.

Kosten- und Leistungsrechnung für Fachwirte

5.2.1.5 Kostenträgerstückrechnung

Die Kostenartenrechnung der einstufigen Deckungsbeitragsrechnung ermittelt nur für die variablen Gemeinkosten die Zuschlagssätze. Die fixen Gemeinkosten werden direkt an den Fixkostenblock weitergegeben. Zur Ermittlung der Herstellkosten wird grundsätzlich das gleiche Kalkulationsschema wie in der Vollkostenrechnung angewendet, allerdings wird in der Teilkostenrechnung nur mit variablen Kosten kalkuliert. Zur Feststellung des Deckungsbeitrages wird retrograd kalkuliert. Dies bedeutet nichts anderes, als das vom Verkaufspreis die Herstellkosten subtrahiert werden, um den Deckungsbeitrag zu ermitteln.

$$\begin{array}{c}\textbf{Absatzpreis (p)}\\ \textbf{- variable Stückkosten } (k_{var})\\ \hline \textbf{= Stückdeckungsbeitrag (db)}\end{array}$$

In der Praxis werden auch oft die Soll-Deckungsbeiträge vorgegeben, was bedeutet, dass von unten nach oben gerechnet wird. Da der Markt den Unternehmen meist wenig Spielraum bei der Gestaltung der Absatzpreise lässt, wird versucht, durch Rationalisierungsmaßnahmen die Herstellkosten zu drücken, um den Soll-Deckungsbeitrag zu realisieren.

Beispiel:
Ein Unternehmen stellt zwei Produktarten, Produkt A und Produkt B, her. Im ersten Quartal des Geschäftsjahres werden von Produkt A 500 Stück und von Produkt B 200 Stück produziert. Für das Produkt A entstehen Materialeinzelkosten in Höhe von 10.000,- , für das Produkt B betragen sie 5.000,- . Beim Produkt A wird mit einem Materialgemeinkostenzuschlagssatz von 10 %, beim Produkt B mit 20 % gerechnet. Für beide Produkte entstehen Lohnkosten von 20.000,- . Die Fertigungsgemeinkosten werden auf das Produkt A mit dem Fertigungsgemeinkostenzuschlagssatz von 50 % (Basis Lohnkosten), für das Produkt B mit 25 % umgelegt. Vom Produkt A werden in diesem Zeitraum 400 Stück zu 90,- /St., vom Produkt B die komplette Produktionsmenge zu 180,- /St. abgesetzt. In diesem Zeitraum sind Fixkosten von 5.000,- angefallen.

Errechnen Sie die Deckungsbeiträge pro Stück und das Nettobetriebsergebnis für diesen Zeitraum!

Lösung:
Zunächst werden die Herstellkosten je Produktart und je Stück nach dem bekannten Schema berechnet.

	Produkt A	*Produkt B*
MEK	10.000,-	5.000,-
+ MGK	1.000,-	1.000,-
+ FEK	20.000,-	20.000,-
+ FGK	10.000,-	5.000,-
= HK	**41.000,-**	**31.000,-**

Herstellkosten je Stück:
Produkt A: 41.000,- / 500 St. = 82,- /St.
Produkt B: 31.000,- / 200 St. = 155,- /St.

Deckungsbeitrag pro Stück:

	Produkt A	Produkt B
p	90,-	180,-
- k_{var}	82,-	155,-
db	**8,-**	**25,-**

Für die Betriebsergebnisrechnung müssen die Herstellkosten der Produktionsmenge des Produktes A auf die Absatzmenge umgerechnet werden.
Herstellkosten der Absatzmenge:
400 St. * 82,- = 32.800,-

Aktenschrank		**Schreibtisch**	
Erlöse:	36.000,-	Erlöse:	36.000,-
- variable Einzelkosten:	32.800,-	- variable Einzelkosten:	31.000,-
Deckungs-beitrag:	10.000,-	Deckungs-beitrag:	3.000,-
Bruttoergebnis: 8.200,-			
- Fixkostenblock: 5.000,-			
Nettoergebnis: 3.200,-			

5.2.2 Die mehrstufige Deckungsbeitragsrechnung

Die mehrstufige Deckungsbeitragsrechnung ist ein erweitertes Verfahren der einstufigen Deckungsbeitragsrechnung, die deren Nachteile vermeiden soll. In der einstufigen Deckungsbeitragsrechnung werden die Fixkosten als ein Block vom Bruttoergebnis abgezogen. Dies hat den Nachteil, dass keine Analyse der Fixkosten möglich ist. Fixkosten sind zwar von Beschäftigungsschwankungen unabhängig, sie sind jedoch bis zu einem gewissen Grade bestimmten Erzeugnisarten, Erzeugnisgruppen oder Bereichen zuordenbar.

Beispiele:
- *Fixkosten einzelner Erzeugnisarten: Fixkosten, die nur mit einer Erzeugnisart in Verbindung stehen, z.B. Patentkosten, Abschreibungen auf eine Spezialmaschine für die Herstellung dieses Erzeugnisses.*

- *Fixkosten einzelner Erzeugnisgruppen: Fixkosten, die durch die Existenz einer Erzeugnisgruppe entstehen, z.B. Mietkosten für eine Fertigungshalle, in der nur die Erzeugnisse der Erzeugnisgruppe hergestellt werden.*

- *Fixkosten einzelner Betriebsbereiche oder Kostenstellen: Fixkosten, die durch die Existenz des Unternehmensbereiches oder der Kostenstelle entstehen, z.B. Gehalt des Kostenstellenleiters.*

- *Fixkosten der Gesamtunternehmung: Fixkosten, die durch die obigen Kriterien nicht erfasst werden können, z.B. Gehalt des Pförtners, Kosten für die Kantine etc.*

Die Fixkostendeckungsrechnung gibt durch diese stufenweise Erfolgsermittlung einen besseren Einblick in die Erfolgsstruktur des Unternehmens. Es wird ersichtlich, inwieweit die einzelnen Produkte und Produktgruppen über die Deckung der selbst verursachten Fixkosten hinaus auch noch zur Deckung der allgemeinen Fixkosten des Unternehmens sowie zur Gewinnerzielung beitragen. Die Fixkostendeckungsrechnung liefert damit auch hilfreiche Informationen zur Wirtschaftlichkeit einzelner Produkte und Produktgruppen.

Die Kostenträgerzeitrechnung ist der wichtigste Teil der mehrstufigen Deckungsbeitragsrechnung, da aus ihr ersichtlich wird, in welchem Maße durch die Erzeugnisarten und Erzeugnisgruppen die Fixkostenschichten gedeckt und Gewinne erzielt werden.

Das Nettoergebnis wird in der Kostenträgerzeitrechnung auf die folgende Weise ermittelt:

Bruttoerlös
- Erlösschmälerungen
Nettoerlös
- variable Fertigungskosen
Deckungsbeitrag I = Bruttoergebnis
- Erzeugnisfixkosten
Deckungsbeitrag II
- Erzeugnisgruppenfixkosten
Deckungsbeitrag III
- Bereichsfixkosten
Deckungsbeitrag IV
- Unternehmensfixkosten
Nettoergebnis

Eine genauere Darstellung der Kostenträgerzeitrechnung bei mehreren Erzeugnissen veranschaulicht die folgende Lernaufgabe:

Beispiel und Lernaufgabe:
Die Metall AG hat ein Geschäftsfeld in der Sport- und Fitnessbranche und hat dort die Produktpalette „Sportgeräte" mit den zwei Produktgruppen Ergometer und Kraftturm. In den Produktgruppen gibt es jeweils die Produktversionen „Luxus" und „Normal". Im ersten Quartal ergeben sich folgende Daten (die Produktionsmenge entspricht der Absatzmenge):

	Absatzmenge	*Preis*	*variable Kosten*
Ergometer Luxus	*500 St.*	*800,-*	*600,-*
Ergometer Normal	*1.000 St.*	*400,-*	*300,-*
Kraftturm Luxus	*300 St.*	*500,-*	*450,-*
Kraftturm Normal	*600 St.*	*200,-*	*120,-*

Kosten- und Leistungsrechnung für Fachwirte

Je Produkt fallen in diesem Zeitraum maschinenbedingte Fixkosten in Höhe von 5.000,- an. Für die Erzeugnisgruppe „Ergometer" fallen Fixkosten in Höhe von 10.000,- an, da ein Patent für eine spezielle Holzlackierung gekauft werden musste. Für die Erzeugnisgruppe „Kraftturm" fallen Fixkosten in Höhe von 13.000,- an, da speziell für diese zwei Produkte ein Werbevertrag mit einer lokalen Zeitung geschlossen wurde. In dem Quartal fallen Unternehmensfixkosten in Höhe von 80.000,-.
Ermitteln Sie das Nettoergebnis des Quartals!

Lösung:

	Sportgeräte			
	Ergometer		*Kraftraum*	
	Luxus	Normal	Luxus	Normal
Umsatzerlöse	400.000,-	400.000,-	150.000,-	120.000,-
– variable Kosten	300.000,-	300.000,-	135.000,-	72.000,-
Deckungsbeitrag I	100.000,-	100.000,-	15.000,-	48.000,-
– Produktfixkosten	5.000,-	5.000,-	5.000,-	5.000,-
	95.000,-	95.000,-	10.000,-	43.000,-
Deckungsbeitrag II	190.000,-		53.000,-	
– Produktgruppenfixkosten	10.000,-		13.000,-	
	180.000,-		40.000,-	
Deckungsbeitrag III	220.000,-			
– Unternehmensfixkosten	80.000,-			
Nettoergebnis	140.000,-			

(in)

5.3 Anwendung der Teilkostenrechnung

Die folgenden Ausführungen gelten sowohl für die einstufige, als auch für die mehrstufige Deckungsbeitragsrechnung.

Die Teilkostenrechnung lässt sich sehr gut für eine Reihe von betrieblichen Entscheidungssituationen einsetzen. Die Gebiete ihrer Anwendung sind vor allem:

- Break-Even-Analyse
- Preisuntergrenzen & Zusatzaufträge
- Eigenfertigung / Fremdbezug

5.3.1 Die Break-Even–Analyse

Die Aufteilung der Gesamtkosten in fixe und variable Kosten ermöglicht eine gewinnorientierte Betrachtung des Unternehmens. Die Break-even–Analyse stellt fest, bei welcher Ausbringungsmenge die Kosten durch die Erlöse der abgesetzten Produkte gedeckt werden und somit die Gewinnzone erreicht wird. Zudem kann auch die Höhe des Deckungsbeitrages eines Produktes festgestellt werden, um bei einer gegebenen Ausbringungsmenge die Fixkosten abzudecken.

Dies lässt sich durch die folgende Grafik veranschaulichen:

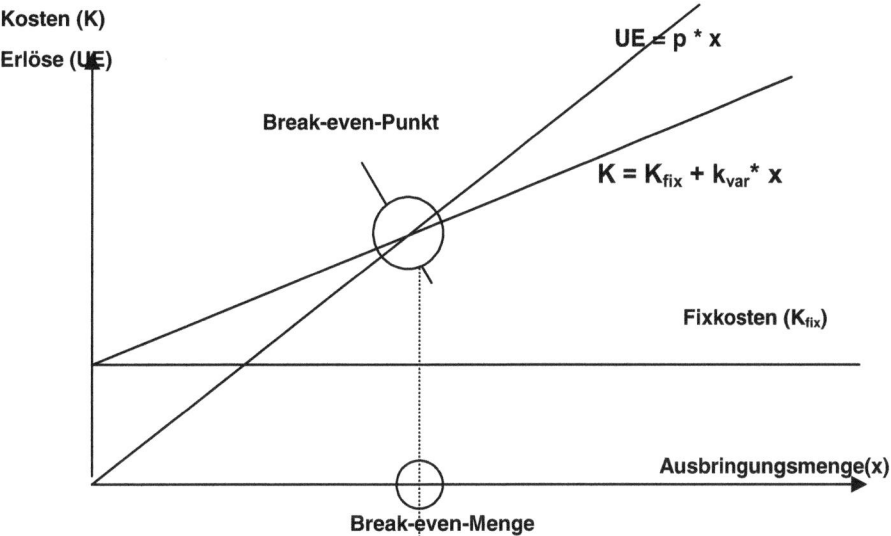

Erläuterung zur Grafik:

Erlöskurve: $UE = p * x$
$\Leftrightarrow$ Umsatzerlöse = Preis * Menge

Kostenkurve: $K = K_{fix} + k_{var} * x$
$\Leftrightarrow$ Gesamte Kosten = Fixkosten + Variable Stückkosten * Menge

Der Schnittpunkt der Erlöskurve ($UE = p * x$) mit der Kostenkurve ($K = K_{fix} + k_{var} * x$) wird als Break-even-Punkt bezeichnet. An diesem Punkt entsprechen die Erlöse genau den gesamten Kosten.

> **Break-even-Punkt:**
>
> Erlöse (UE) = Gesamtkosten (K)
>
> $p * x = K_{fix} + k_{var} * x$

Der Break-even-Punkt kann auch über die Deckungsbeitragsrechnung ermittelt werden. Es wird dann untersucht, bei welcher Ausbringungs-menge der Gesamtdeckungsbeitrag die Fixkosten deckt. Die Auflösung der obigen Gleichung führt zur Deckungsbeitragsrechnung:

$$p * x = K_{fix} + k_{var} * x \quad | - k_{var} * x$$
$$\Leftrightarrow \quad p * x - k_{var} * x = K_{fix}$$
$$\Leftrightarrow \quad (p - k_{var}) * x = K_{fix}$$
$$\Leftrightarrow \quad \mathbf{db * x = K_{fix}}$$

Dieser Sachverhalt wird im folgenden Schaubild verdeutlicht:

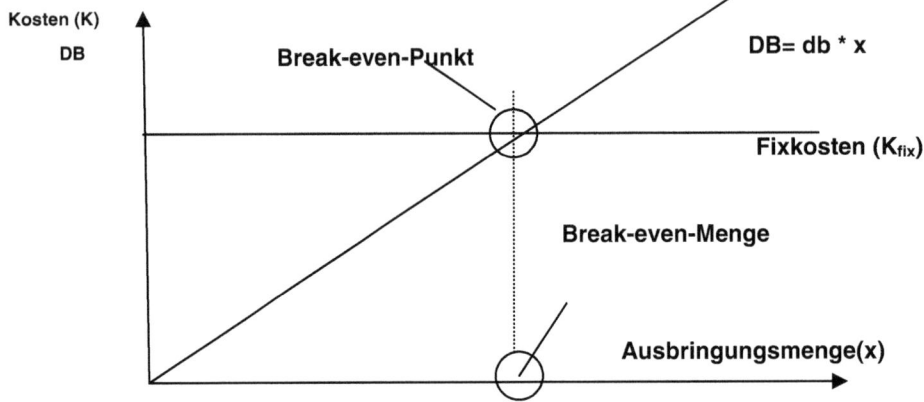

> **Erläuterung zur Grafik:**
> DB = Gesamtdeckungsbeitrag (db * x $\Leftrightarrow$ Stückdeckungsbeitrag * Menge)
> db = Stückdeckungsbeitrag

Durch Umformen der obigen Gleichung lässt sich zum einen die Ausbringungsmenge, aber auch die Höhe des Stückdeckungsbeitrages errechnen, um den Break-even-Punkt zu erhalten.

> **Break–even–Menge:**
>
> $x = K_{fix} / db$

Die Break-even-Menge wird auch Grenzmenge genannt. Sie ist die Gewinnschwelle, ab diesem Punkt erwirtschaftet jede zusätzliche Mengen-einheit Gewinn, da die gesamten Fixkosten bereits abgedeckt sind.

Kosten- und Leistungsrechnung für Fachwirte

Beispiel und Lernaufgabe:
Ein Unternehmen stellt ein Skihelm her, der zu einem Preis von 70,- /St. abgesetzt wird. Bei der Produktion entstehen variable Kosten pro Stück in Höhe von 40,- . Im ersten Quartal werden 500 Stück produziert und abgesetzt. In diesem Zeitraum fallen Fixkosten in Höhe von 9.000,- an.
Bei welcher Ausbringungsmenge liegt die Gewinnschwelle?

Lösung:
Zuerst wird der Stückdeckungsbeitrag ermittelt:

$db = p - k_{var}$
$db = 70,- - 40$
$db = 30,-$

Zur Ermittlung der Break-even-Menge werden die Fixkosten durch den Stückdeckungsbeitrag geteilt:

$x = 9.000,- / 30,- /St.$
$x = 300$ Stück

Bei einer Ausbringungsmenge von 300 Stück werden die Fixkosten voll gedeckt, bzw. wird die Gewinnschwelle erreicht.

5.3.2. Preisuntergrenzen

In der Teilkostenrechnung entspricht die unterste Preisgrenze den variablen Kosten, also den Kosten, die direkt durch die Produktion des Produktes verursacht wurden.

kurzfristige Preisuntergrenze = Variable Kosten

Langfristig muss das Unternehmen natürlich bestrebt sein, die gesamten Kosten durch die Umsatzerlöse zu decken, damit es am Markt überlebt.

langfristige Preisuntergrenze = Variable Kosten + Fixe Kosten

Welcher Zeitraum als kurzfristig oder langfristig betrachtet wird, hängt stark von der jeweiligen Situation des Unternehmens ab. Sollen Marktanteile erkämpft werden, kann es auch notwendig sein, dass ein Produkt längerfristig Zeit mit den variablen Kosten als Verkaufspreis (kurzfristige Preisuntergrenze) angeboten werden muss, um im Verdrängungswettbewerb zu bestehen.

Beispiel und Lernaufgabe:
Ein Unternehmen hat bei der Herstellung eines Produktes eine monatliche Kapazität von 500 Stück. Der Verkaufspreis des Produktes beträgt 100,- /St.. Die variablen Stückkosten betragen 60,- /St .. Für den Monat Januar ist aufgrund der schlechten Auftragslage nur eine Produktion von 300 Stück geplant. Überraschenderweise geht noch ein zusätzlicher Auftrag über 100 Stück ein. Der Auftraggeber ist allerdings höchstens bereit, einen Preis von 70,- pro Stück zu bezahlen. Monatlich fallen Fixkosten in Höhe von 10.000,- an.

Ermitteln Sie, ob der Zusatzauftrag angenommen werden sollte!
Lösung:
Eine Annahme des Auftrages lohnt sich deshalb, da jedes Produkt des zusätzlichen Auftrages einen zusätzlichen Deckungsbeitrag von 10,- /St. einbringt und somit hilft, die Fixkosten zu decken und das Monatsergebnis in die Gewinnzone zu führen.
Vergleichsrechnung:
Betriebsergebnis ohne Zusatzauftrag:
$db = p - k_{var}$
$db = 100,- - 60,-$
$db = 40,-$
Gesamtdeckungsbeitrag:
$DB = db * x$
$DB = 40,- * 300$ Stück
$DB = 12.000,-$
Betriebsergebnis (BE):
$BE = DB - K_{fix}$
$BE = 12.000,- - 10.000,-$
$BE = 2.000,-$

Betriebsergebnis mit Zusatzauftrag:
Betriebsergebnis ohne Zusatzauftrag
+ Gesamt-DB des Zusatzauftrages (DB_{zus})
Zusatzauftrag:
$db = 70,- - 60,-$
$db = 10,-$
Gesamt-DB des Zusatzauftrages $= db * x_{zusatz}$
$DB_{zus} = 10,- * 100$ Stück
$DB_{zus} = 1.000,-$

Betriebsergebnis mit Zusatzauftrag (BE_{gesamt})
$BE_{gesamt} = BE + DB_{zus}$
$BE_{gesamt} = 2.000,- + 1.000,-$
$BE_{gesamt} = 3.000,-$

Ist die Kapazität des Unternehmens ausgelastet, müssen Zusatzaufträge entweder abgelehnt oder die Kapazitäten des Unternehmens erhöht werden. Eine Kapazitätserhöhung führt dann aber auch zu einer Erhöhung der Fixkosten, da sie mit vielerlei Investitionen verbunden ist (z.B. Anschaffung neuer Maschinen, Erweiterung der Fertigungshallen etc.). Erweiterungsinvestitionen werden nicht in der Kosten- und Leistungsrechnung entschieden, sondern sind Gegenstand der Investitionsrechnung.

5.3.3 Eigenfertigung / Fremdbezug (Make or Buy)

Im Produktionsbereich eines Unternehmens stellt sich oft die Frage, ob ein Fertigungsteil selbst erstellt werden soll oder ob es günstiger ist, es von einem Zulieferer fertigen zu lassen. Diese Fragestellung (engl.: „make or buy") lässt sich allerdings durch die Kostenrechnung nur teilweise beantworten.
Im Falle einer anstehenden Entscheidung über die Eigenfertigung oder den Fremdbezug eines Fertigungsteiles sollten noch die weiteren Punkte bedacht werden:

Kosten- und Leistungsrechnung für Fachwirte

- Abhängigkeitsverhältnis von möglichen Lieferanten
- unterschiedliche Zuverlässigkeit in Bezug auf Termintreue und Qualität der Lieferanten
- zusätzliche Fixkosten bei der Eigenfertigung
- Kapitalbindung durch Investitionen bei der Eigenfertigung
- Bedarf an zusätzlichen Arbeitskräften bei der Eigenfertigung
-

Bei der Ermittlung der kostengünstigeren Alternative ist zwischen einer kurzfristigen und einer langfristigen Optimierung zu unterscheiden. Zudem muss eine mögliche Engpassplanung bei der Eigenfertigung beachtet werden.

Bei einer Entscheidung über Eigenfertigung oder Fremdbezug sollte, sofern keine Engpässe vorhanden sind, eigen gefertigt werden, sobald der Lieferpreis über den variablen Kosten dieses Erzeugnisses liegt.

$$\text{Eigenbezug, wenn } p_{Bezug} > k_{var}$$

Müssen Anschaffungen getätigt, um Engpässe zu überwinden, so sind die Fixkosten in die Entscheidung mit ein zu beziehen.

$$K_{fix} + k_{var} * x = p_{Bezug} * x$$

Die Break-even-Menge bedeutet hier, dass ab einer bestimmten Menge die Eigenfertigung günstiger ist.

Beispiel und Lernaufgabe:
Ein Unternehmen steht vor der Entscheidung, die Fertigung eines Produktteiles an einen Zulieferer zu vergeben. Für die Eigenfertigung müsste eine zusätzliche Maschine beschafft werden. Folgende Daten liegen vor:

	Eigenfertigung	Fremdbezug
Variable Kosten/Stück (k_{var})	8,- /St.	
Fixkosten (K_{fix})	80.000,-	
Beschaffungspreis (p_{Bezug})		12,- /St.

Ab welcher Menge ist die Eigenfertigung dem Fremdbezug vorzuziehen?

Lösung:
Es wird eine Gleichung aufgestellt, in der die Kosten der Eigenfertigung den Kosten des Fremdbezugs gegenübergestellt werden:

$K_{fix} + k_{var} * x = p_{Bezug} * x$
⇔ 80.000,- + 8,- /St. * x = 12,- /St. * x
⇔ 80.000,- = 4,- /St. * x
⇔ x = 20.000 St.
⇔

Ab einer Menge von 20.000 Stück ist die Eigenfertigung günstiger als der Fremdbezug.

5.3.4 Erweiterungsinvestitionen

Die Frage, ob Erweiterungsinvestitionen getätigt werden sollen, kann mit der Deckungsbeitragsrechnung beantwortet werden, wobei große Investitionen mithilfe der Investitionsrechnung und nicht mit der Kosten- und Leistungsrechnung entschieden werden. Die zusätzlichen Fixkosten, die durch die Erweiterungsinvestition entstehen, müssen durch die Deckungsbeiträge der zusätzlich produzierten Menge (Grenzmenge) gedeckt werden.

$$\text{Grenzmenge} = \frac{\text{Fixkosten der Erweiterungsinvestition}}{db}$$

Die Gewinnschwelle ist mit der Grenzmenge erreicht. Aus diesem Grund kann die Formel auch lauten:

$$\text{Gewinnschwelle} = \frac{\text{Fixkosten der Erweiterungsinvestition}}{db}$$

Beispiel und Lernaufgabe:
Bei der Ski AG wird überlegt, ob eine neue Fertigungsanlage angeschafft werden soll. Die Anschaffungskosten belaufen sich auf 200.000,- . Darauf können Kurz-Ski gefertigt werden, die zum Preis von 100,- an den Handel mit der unverbindlichen Preisempfehlung (ohne MwSt.) von 180,- abgesetzt werden können. Die variablen Stückkosten belaufen sich auf 50,- /St..

Wie viele Bürocontainer muss die Möbel AG produzieren und absetzen, damit die Anschaffung sich lohnt?

Lösung:

db = 100,- /St. - 50,- /St.

db = 50,- /St.

$$\text{Grenzmenge} = \frac{\text{Fixkosten der Erweiterungsinvestition}}{db}$$

$$\text{Grenzmenge} = \frac{200.000,-}{50,- \text{ /St.}}$$

Grenzmenge = 4000 St.

Wissensfragen zu Kapitel 5:

1) Erklären Sie den wesentlichen Unterschied der Vollkostenrechnung zur Teilkostenrechnung.

2) Wie funktioniert die einstufige Deckungsbeitragsrechnung?

3) Was ist der wesentliche Unterschied der mehrstufigen Deckungsbeitragsrechnung zur einstufigen Deckungsbeitragsrechnung?

4) Für welche betrieblichen Entscheidungsprobleme bietet sich die Teilkostenrechnung als Lösungsinstrument an?

5) Was wird unter dem Break-even-Punkt und der Break-even-Menge verstanden?

6) Warum liegt die kurzfristige Preisuntergrenze unter den Vollkosten?

7) Welche Punkte müssen neben dem Kostenaspekt bei der Entscheidung über Eigenfertigung oder Fremdbezug noch berücksichtigt werden?

Übungsaufgaben zu Kapitel 5:

1) Die Bike GmbH entwickelt und produziert ein neues Mountain-Bike, das für 1.000,- abgesetzt werden soll. In der Fertigung fallen pro Fahrrad folgende Kosten an:

Materialeinzelkosten (MEK): 300,-
Fertigungslöhne (FEK): 250,-

Es wird mit folgenden Zuschlagssätzen kalkuliert (die fixen Gemeinkosten werden bei der Berechnung der Zuschlagssätze nicht mit eingerechnet):

Materialgemeinkostenzuschlagssatz (MGK-ZS): 20 %
Fertigungsgemeinkostenzuschlagsatz (FGK-ZS): 50 %

Im ersten Quartal sind 10.000,- Fixkosten angefallen, es wurden 150 Mountain-Bikes produziert.

    a) Berechnen Sie den Deckungsbeitrag pro Stück, den Deckungsbeitrag der gesamten Produktionsmenge und das Nettoergebnis!
    b) Berechnen Sie die Break-even-Menge (Gewinnschwelle).

2) Die Bike GmbH weitet die Produktpalette aus. Es werden nun zwei verschiedene Mountain-Bike Modelle angeboten, die zu einer Produktgruppe zusammengefasst werden. Das Produktprogramm wird durch die Produktgruppe „Stadtfahrrad" ergänzt, die aus einem Damen- und Herrenfahrrad besteht. Pro Fahrrad fallen im ersten Quartal erzeugnisabhängige Fixkosten in Höhe von 3.000,- an. Für die Mountain-Bike-Gruppe wird ein patentierter Stahlrahmen verwendet, für den eine Lizenz-gebühr von jährlich 5.000,- zu entrichten ist. Für die Produktion der Stadtfahrräder wurde eine neue Werkhalle angemietet, für die pro Quartal eine Miete von 2.000,- zu bezahlen ist. Im ersten Quartal fallen Unternehmensfixkosten in Höhe von 10.000,- an.

Für das erste Quartal liegen folgende Daten vor:

	Mountain-Bike		Stadtfahrrad	
	Pegasus	Ikarus	Alpha	Omega
Absatzmenge	80 St.	110 St.	30 St.	10 St.
Preis	1.000,-	600,-	500,-	300,-
variable Kosten	650,-	470,-	300,-	250,-

a.) Ermitteln Sie das Nettoergebnis mithilfe der mehrstufigen Deckungsbeitragsrechnung!

b.) Beurteilen Sie das Produktprogramm!

3) Die Bike GmbH prüft, ob der Rahmen des Modells Pegasus weiterhin von dem bisherigen Zulieferer Lack AG lackiert werden soll oder ob sich die Lackierung der Rahmen im eigenen Hause rechnen würde.

Folgende Daten liegen vor:

	Eigenfertigung	FreFremdbezug
Variable Kosten/Stück (k_{var})	40,- /St.	
Fixkosten (K_{fix})	20.000,-	
Beschaffungspreis (p_{Bezug})		80,- /St.

Wie viele Rahmen für das Modell Pegasus müssen mindestens lackiert werden, damit sich die Eigenfertigung lohnt?

4) Die Lederball AG plant mit dem Fußballstar Ulli Kuhn eine Werbekampagne, um den Absatz des neuen High-Tech Fußballs anzukurbeln. Die Gage von Ulli Kuhn sowie die Kosten der Werbekampagne belaufen sich auf 400.000,- . Ein Fußball kostet 80,- , die variablen Kosten belaufen sich auf 25,- . Es sind genügend Produktionskapazitäten vorhanden um eine steigende Nachfrage zu befriedigen.

Wie viele Fußbälle müssen mindestens verkauft werden, damit sich die Werbekampagne trägt?

- LÖSUNGEN -

Lösungen zu den Wissensfragen zu Kapitel 1:

1)

Die Geschäftsbuchführung ist Teil des externen Rechnungswesens. Neben der Betriebsbuchhaltung beinhaltet das interne Rechnungs-wesen auch noch eine Vielzahl anderer Informationsrechnungen, wie z.B. Investitions- und Finanzierungsrechnungen oder die Betriebs-statistik.

2)

Die KLR erfasst nur rein güterwirtschaftliche Vorgänge, die in keinem Zusammenhang mit Zahlungsvorgängen stehen müssen. Dass der abgebildete Güterverzehr in Geldeinheiten bewertet wird, um damit Berechnungen durchführen zu können, ändert nichts an der Tatsache, dass lediglich Realgüterbewegungen interessieren.

3)

- Die KLR ist Bestandteil des internen Rechnungswesens. Sie erfasst mengen- und wertmäßig den Verzehr oder die Inanspruchnahme von Produktionsfaktoren sowie die damit gekoppelte Hervor-bringung und Verwertung von Leistungen.

- Die KLR ist eine kalkulatorische Rechnung und beschäftigt sich somit mit Realgüterbewegungen.

- Die KLR erfasst nur rein güterwirtschaftliche Vorgänge, die in keinem Zusammen-hang mit Zahlungsvorgängen stehen müssen.

- Die KLR ist eine vorwiegend kurzfristige Rechnung ohne Diskontierung. Damit unterscheidet sie sich z.B. wesentlich von der ebenfalls zum internen Rechnungswesen gehörenden Investitions- und Finanzierungsrechnung.

- Die KLR ist eine Erfolgsrechnung. Gegenüberstellung des Wertes der erzeugten Leistungen und des Wertes der verbrauchten Produktionsfaktoren einen kalkulatorischen Erfolg.

4)

Auszahlungen liegen dann vor, wenn aus dem Unternehmen Geld abfließt. Es kommt also zu einer Verminderung des Bar- oder Buchgeldbestandes. Der Begriff Aufwand hat in erster Linie Bedeutung für die (externe) Gewinn- und Verlustrechnung. Er liegt immer dann vor, wenn das betriebliche Vermögen in irgendeiner Weise gemindert wird. Er ist der Wertverzehr oder Wertverbrauch einer bestimmten Abrechnungsperiode, der in der Finanz- und Geschäftsbuchhaltung erfasst und am Jahresende in der Gewinn- und Verlustrechnung ausgewiesen wird.

5)

Eine Spende an das Rote Kreuz verursacht Ausgaben, ist eine Aus-zahlung und stellt Aufwand dar. Da eine Spende nicht im Zusammenhang mit der Betriebsleistung steht, handelt es sich in diesem Fall nicht um Kosten.

6)

Kosten sind der bewertete, sachzielbezogene Güterverbrauch. Als Kosten bezeichnet man den Wert aller in einer Abrechnungsperiode für die Erstellung der betrieblichen Leistungen eingesetzten Sachgüter und Dienstleistungen. Bei einer betrieblichen Leistung handelt es sich um eine bewertete sachzielbezogene Güterentstehung. Zum Teil kann sie mit einem Ertrag aus der Gewinn- und Verlustrechnung übereinstimmen, sofern dieser das Ergebnis der betrieblichen Leistungserstellung ist.

Kosten- und Leistungsrechnung für Fachwirte

7)
Grundkosten: entsprechen dem Zweckaufwand.
Anderskosten: stehen Aufwendungen in anderer Höhe gegenüber (zumeist aus handels- und steuerrechtlichen Gründen, z.B. bilanzielle vs. kalkulatorische Abschreibung).
Zusatzkosten: stehen keine Aufwendungen gegenüber (z.B. kalk. Unternehmerlohn).

8)
Der Betriebserfolg beinhaltet nur die Kosten und Leistungen, die im betrieblichen Bereich, d.h. zur Erfüllung des Betriebszweckes, angefallen sind. Der Unternehmenserfolg beinhaltet zusätzlich Aufwendungen und Erträge, die außerhalb des Betriebes und außerhalb der Abrechnungsperiode angefallen sind, wie z.B. Erträge aus dem Verkauf von Wertpapieren, Steuernachzahlungen,...

9)
Bei der Preiskalkulation macht es Sinn, die Daten des Betriebserfolges zur Hand zu nehmen. Da im Unternehmenserfolg auch Aufwendungen und Erträge berücksichtigt sind, die nicht den eigentlichen Betriebszweck verfolgen, bieten diese Daten keine ausreichende Basis für eine Preisgestaltung.

10)
a) **Aufwand:** der gesamte Werteverzehr einer Periode für Güter und Dienstleistungen, unabhängig davon, ob er zur Erfüllung des Betriebszweckes entstanden ist oder nicht.
b) **Kosten:** der wertmäßige Verzehr von Produktionsfaktoren zur betrieblichen Leistungserstellung und -verwertung sowie zur Sicherung der notwendigen betrieblichen Kapazitäten
c) **Ertrag:** der gesamte Wertzuwachs eines Unternehmens für eine Periode, unabhängig davon, ob er zur Erfüllung des Betriebszweckes entstanden ist oder nicht.
d) **Leistung:** das Ergebnis der betrieblichen Tätigkeit. Dies entspricht den erstellten Gütern und Dienstleistungen zur Erfüllung des Betriebszweckes.

Lösungen zu den Übungsaufgaben zu Kapitel 1:

1)
Während sich die **Geschäftsbuchführung** den externen Adressaten (Finanzamt, Banken) widmet und diesen Informationen über die Vermögens-, Finanz- und Ertragslage gibt, besteht die Notwendigkeit der **Kosten- und Leistungsrechnung** in der Wichtigkeit für ein Unternehmen, die Kosten im Blick zu haben, diese verursachungsgemäß zuzuordnen und dadurch einen realistischen und rentablen Preis am Markt zu erzielen. Das Erwirtschaften von Gewinn als unternehmerisches Ziel kann besser verfolgt werden, wenn der Unternehmer weiß, wo die Kosten entstehen und wie unnötige Kosten umgangen werden können.

Um die Unternehmensleitung zu überzeugen, muss lediglich plausibel gemacht werden, dass der „Aufwand" zur Einrichtung der KLR sich in dem „Ertrag" von konkurrenzfähigeren Preisen, niedrigeren Kosten und damit in einem höheren Gewinn zeigt.

2)
a.) Bei der Barbezahlung einer Warenlieferung handelt es sich um eine Auszahlung, da dem Unternehmen liquide Mittel abfließen.
b.) Die Verarbeitung des Holzes stellt Aufwand (Zweckaufwand = Grundkosten) dar, da es sich um einen mit den Ausgaben bewerteten Güterverzehr handelt.
c.) Die Lieferung stellt eine Ausgabe, aber keine Auszahlung für das Unternehmen dar, da sich die Verbindlichkeiten des Unternehmens erhöhen, jedoch noch keine liquiden Mittel abfließen.
d.) Der Brand bedeutet für das Unternehmen einen außer-ordentlichen Aufwand, da das Vermögen des Unternehmens um 8.000,- gemindert wird.

3)
a.) Die Anzahlung des Kunden in Höhe von 300,- ist eine Einzahlung, jedoch keine Einnahme für das Unternehmen. Anzahlungen werden in der Buchhaltung als Verbindlichkeiten des Unternehmens gegenüber dem Kunden betrachtet.

b.) Eine Lieferung auf Ziel stellt eine Einnahme für das Unternehmen dar, da die Forderungen des Unternehmens zunehmen. Sie ist allerdings keine Einzahlung, da noch keine liquiden Mittel zugeflossen sind.

Kosten- und Leistungsrechnung für Fachwirte

c.) Der Verkauf der Sägemaschine zum Restbuchwert und die Bezahlung in bar stellen eine Einnahme und eine Einzahlung dar. Der Geschäftsvorfall führt jedoch zu keinem Ertrag, da die Maschine zum Restbuchwert verkauft wurde und es sich somit lediglich um einen Aktivtausch handelt.

d.) Bei diesem Geschäftsvorfall handelt es sich um eine Einzahlung (Bezahlung in bar), eine Einnahme (Wert des veräußerten Gutes) und einen Ertrag (Umsatzerlös).

Lösungen zu den Wissensfragen zu Kapitel 2:

1) Die Datengrundlage der Istkostenrechnung sind die tatsächlich angefallenen Kosten einer Abrechnungsperiode. D.h. der Kalkulation eines Produktes werden die Faktorpreise zugrunde gelegt, wie sie tatsächlich gezahlt werden mussten. Dieses auf den ersten Blick richtige Verfahren ist dann problematisch, wenn die Beschaffungsmärkte Preisschwankungen unterliegen. Ist in einem Beschaffungsmarkt ein stetig steigender Preis zu erwarten (z.B. beim Rohöl), dann muss mit dem Umsatz von heute die Beschaffung der Güter von morgen erwirtschaftet werden können. Werden immer nur die Ist-Preise der Kalkulation zugrunde gelegt, läuft das Unternehmen Gefahr im schlimmsten Fall mit dem Umsatz von heute nicht die Kosten von morgen decken zu können.

2) Die Normalkostenrechnungen versucht die Preisschwankungen zu eliminieren, indem Durchschnittsbeschaffungspreise (Normalkosten) gebildet werden. Bei stetig steigenden Preisen hinken die Normalkosten jedoch immer den Preisen auf den Beschaffungsmärkten hinterher.

3) Bei der Plankostenrechnung wird überlegt, welche Preise für die kommende Abrechnungsperiode (Plankosten) gegeben sein werden. Die Daten sind jedoch stark mit Unsicherheiten behaftet. Plant ein Unternehmen zu vorsichtig, setzt es also die Plankosten zu hoch an, kann es sein, dass der Marktpreis des Endproduktes nicht mehr konkurrenzfähig ist.

4) In der Vollkostenrechnung werden letztlich alle Kosten direkt den Produkten zugerechnet, d.h. auch die Miete für die Betriebskantine wird auf die Produkte umgelegt, obwohl diese nicht in direktem Zusammenhang mit den Produktionsmengen einzelner Produkte des Unternehmens steht. Bei der Teilkostenrechnung werden nur die Kosten dem einzelnen Produkt zugerechnet, die bei dessen Produktion anfallen.

5) Die Unterteilung der Kosten in Vollkosten und Teilkosten wird letztlich in der Kostenartenrechnung vorgenommen. Dort werden die Kosten weiter nach ihrer „Art" unterteilt, d.h. es wird untersucht, welchen definitorischen Hintergrund die Kosten haben (sind es fixe Kosten des gesamten Unternehmens, sind es Materialkosten der Fertigung etc.).

6) Wie in 5) schon beschrieben, ist ein Teilgebiet die Kostenartenrechnung. Sind die Kosten ihrer Art hin festgelegt, wird untersucht wo – in welchen Kostenstellen – sie angefallen sind. Kosten-stellen können z.B. sein: das Lager, der Produktionsbereich, die Verwaltung etc.. Die Kostenstellen werden vom Unternehmen selbst festgelegt und beschreiben in der Regel in sich geschlossene Bereiche (z.B. auch Abteilungen möglich wie Marketing etc. möglich).

Lösungen zu den Wissensfragen zu Kapitel 3

1) Der Gesamtkostenblock wird in der Kostenartenrechnung danach unterteilt, wie es für die Zwecke des Betriebes am nützlichsten ist. Typische Einteilungskriterien sind:

- Abhängigkeit von der Beschäftigung: Fixkosten, variable Kosten
- Möglichkeiten der Zurechnung zu Kostenträgern: Kosten von Produkt1, Kosten von Produkt2
- betrieblichen Funktionen: Fertigungskosten, Marketingkosten
- Art der verbrauchten Produktionsfaktoren: Materialkosten, Stromkosten, Mietkosten etc.

2) Einzelkosten können dem einzelnen Produkt zugeordnet werden, Gemeinkosten sind nur dem Unternehmen im Allgemeinen zurechenbar. Ihr Ursprung liegt nicht direkt in der Fertigung der einzelnen Produkte.

3) Materialkosten ist der bewertete Verbrauch von Roh- Hilfs- und Betriebsstoffen der Produktion. Wird z.B. im Verwaltungsbereich Kopierpapier verbraucht, so sind dies in der Regel Verwaltungskosten. Die Materialkosten haben ihre Ursache in der Produktion der Produkte und

Kosten- und Leistungsrechnung für Fachwirte

sollten aufgrund der Zurechenbarkeit Einzelkosten sein. Das Kopierpapier würde jedoch Gemeinkosten darstellen und bringt die Verursachungsproblematik mit sich, weshalb es als Materialkosten nicht in Betracht kommt.

4) Personalkosten sind sämtliche Löhne und Gehälter, diese umfassen auch die Personalneben-kosten, also die Kosten der Ausstattung eines Arbeitsplatzes oder auch die Sozialversicherungs-beiträge. Die Lohnkosten der Arbeiter in der Fertigung werden in der Regel aus dem Kostenblock Personalkosten herausgetrennt und in eine eigene Kostenart überführt (Fertigungskosten), um sie direkt den Produkten zurechnen zu können.

5) Kalkulatorische Kosten sind Kosten, die kalkuliert werden, aber so nicht tatsächlich in der Finanzbuchhaltung anfallen. Nutzt der Unternehmer z.B. in seinem Wohnhaus einen Raum als Büro, so kann er für seine Kalkulation eine Miete ansetzen, obwohl er tatsächlich keine Miete bezahlt. Dies dient dazu, dass die Kostensituation möglichst realistisch dargestellt ist.

Lösungen zu den Übungsaufgaben zu Kapitel 3.1

1) a)
Für die kalkulatorische Abschreibung wird vom Wiederbeschaffungswert ausgegangen. Grund dafür ist, dass die Kosten, die über die Produktpreise gedeckt werden, die Anschaffung der neuen Maschine abdecken sollen. Somit ergibt sich:
$$300.000,- / 5 \text{ Jahre} = 60.000,- / \text{Jahr}$$

b) Die bilanzielle Abschreibung ist gesetzlich geregelt und darf nicht von den Wiederbeschaffungskosten gerechnet werden, sondern von den tatsächlichen Anschaffungskosten.
Es ergibt sich also als bilanzielle Abschreibung:
$$250.000,- / 5 \text{ Jahre} = 50.000,- / \text{Jahr}$$

c) Der Herstellerrabatt hat keinen Einfluss auf die kalkulatorische Abschreibung, da diese sich nur nach den Wiederbeschaffungskosten richtet.
Die bilanzielle Abschreibung ist durch den Rabatt vermindert und beträgt nun:
$$240.000,- / 5 \text{ Jahre} = 48.000,- / \text{Jahr}$$

2)

Betriebsnotwendiges Anlagevermögen (kalk. Restwerte):	☐	Summen
Grundstücke und Gebäude:	10.500.000,-	
Maschinen u. Anlagen:	16.140.000,-	
Fuhrpark:	300.000,-	26.940.000,-
Betriebsnotwendiges Umlaufvermögen (Durchschnittsbestände):		
Roh- Hilfs-, und Betriebsstoffe:	3.600.000,-	
Unfertige und fertige Erzeugnisse:	7.400.000,-	11.000.000,-
= Betriebsnotwendiges Vermögen:		**37.940.000,-**
- Abzugskapital:		
Kundenanzahlungen:	400.000,-	
Lieferantenkredit (ohne Skonto):	90.000,-	
Verbindlichkeiten beim Finanzamt und bei den Sozialversicherungen.:	1.200.000,-	
	1.690.000,-	
= Betriebsnotwendiges Kapital:		**36.250.000,-**

Kosten- und Leistungsrechnung für Fachwirte

Der kalkulatorische Zinssatz beträgt 6,6%, zusammengesetzt aus dem Zinssatz für Bundesanleihen sowie dem Risikozuschlag.

Die kalkulatorischen Zinsen betragen:
$$36.250.000{,}- * 6{,}6\% = 2.392.500{,}-$$

Diese Kosten werden in der Kostenträgerrechnung letztlich umgerechnet und in die Produktpreise mit einkalkuliert.

Hinweis: Wichtig ist, dass Sie vom Betriebsnotwendigen Vermögen das Abzugskapital abziehen. Abzugskapital ist immer dann gegeben, wenn das Unternehmen von irgendeiner Seite her ein zinsloses Darlehen bekommt. Z.B. sind die Verbindlichkeiten gegenüber dem Finanzamt ein zinsloses Darlehen, da egal ob die Verbindlichkeiten sofort oder erst am Ende des Zahlungsziels bezahlt werden, die Höhe gleich ist. Verbindlichkeiten gegenüber Lieferanten sind in der Regel kein zinsloses Darlehen, da bei Bezahlung innerhalb von 10 Tagen ein Skonto gewährt wird. Dies ist nichts anderes als ein Kreditzins.

3)

Der Einkaufspreis je Dose:	20,- €
Verwaltungskosten:	8,- €
Porto und Verpackung:	3,- €
Kalkulatorisches Wagnis:	3,44 €
Selbstkosten	34,44 €

Erläuterung: Das kalkulatorische Wagnis wird erst zum Schluss auf die angefallenen Kosten aufgeschlagen, da die anderen Kosten durch die Wagniskosten ja aufgefangen werden müssen. Die Ausfallquote liegt bei 10 %, d.h. von 100 Kunden werden 10 Kunden nicht bezahlen. Dies sind die Kosten, die zu dem Produkt hinzukalkuliert werden müssen.

10 Kunden * 31,- = 310,- (dies sind die Kosten, die von den Kunden nicht gedeckt werden, da sie ihre Rechnungen nicht bezahlen).
Die 310,- müssen von den restlichen 90 Kunden getragen werden:

$$310{,}-€ / 90 \text{ Kunden} = 3{,}44€/\text{Kunde}$$

Lösungen zu den Wissensfragen zu Kapitel 3.2, 3.3

1) In der Kostenstellenrechnung wird ermittelt, welche Kosten in welcher Höhe in einem bestimmten Bereich des Unternehmens angefallen sind. Kostenstellen sind z.B. die Verwaltung, das Marketing oder, am Beispiel einer Fitnesskette, die einzelnen Studios. Das Verhältnis der Gemeinkosten zu den Einzelkosten einer Kostenstelle ergibt die Zuschlagssätze.

2) Eine Kostenstelle muss eine in sich geschlossene Einheit sein, der Kosten zugerechnet werden können. Die üblichste Unterteilung erfolgt danach, ob es sich um betriebliche Funktionsbereiche handelt (Lager, Beschaffung, Fertigung etc.) oder nach klaren Verantwortungsbereichen. Im Fitnessbereich – wie im gesamten Dienstleistungsbereich - kommt in erster Linie die Einteilung nach Verantwortungsbereichen, also z.B. eigenverantwortlich geführte Studios, infrage.

3) Im einstufigen BAB werden die Gemeinkosten auf die Kostenstellen umgelegt. Zum Beispiel ergibt die Kostenartenrechnung, dass Stromkosten i.H.v. 5.000,- angefallen sind. Der BAB versucht nun möglichst verursachungsgerecht diese 5.000,- den einzelnen Kostenstellen zuzuordnen, sodass man hinterher weiß, dass z.B. im Einkauf 600,- Stromkosten verursacht wurden.

4) Beim mehrstufigen BAB sind noch Hilfskostenstellen ergänzt, deren Leistungen auf die Hauptkostenstellen verrechnet werden. Z.B. ist das Marketing eine Kostenstelle, die Leistungen für einzelne Studios (Hauptkostenstellen) erbringt (Anzeigenschaltung, Marktforschung etc.). Diese Kosten müssen dann entsprechend zugeordnet werden.

Kosten- und Leistungsrechnung für Fachwirte

Lösungen zu den Übungsaufgaben zu Kapitel 3.2, 3.3

1) Stehen die gesamten Kosten und Verbrauchsmenge einer Hilfskostenstellen für eine Rechnungsperiode fest, können die internen Verrechnungspreise festgelegt werden, nach denen der Verbrauch in den Hauptkostenstellen bewertet wird.

Strompreis: 2.500,- / 10.000 kW/h = 0,25 /kW/h
Wasserpreis: 3.000,- / 500 m³ = 6,- /m³

Im BAB werden nun die Kosten der Hilfskostenstellen verursachungsgerecht auf die Hauptkostenstellen umgelegt.

	E-Werk	Wasserwerk	Fertigung	Montage
Summe	2.500,-	3.000,-	40.000,-	25.000,-
Umlage E-Werk			1.500,-	1.000,-
Umlage Wasser			2.400,-	600,-
Summe sekundäre & primäre Gemeinkosten			43.900,-	26.600,-

Rechenweg für die Umlagen E-Werk und Wasser:

Fertigung:
    E-Werk-Umlage: 0,25 * 6000 kW/h = 1.500,-
    Wasser-Umlage: 6,- * 400 m³ = 2.400,-

Montage:
    E-Werk-Umlage: 0,25 * 4000 kW/h = 1.000,-
    Wasser-Umlage: 6,- * 100 m³ = 600,-

2) (in □)

TECHNISCHER SERVICE (HILFKOSTENSTELLE)	MARKETING (HILFSKOSTENSTELLE)	VERWALTUNG (HILFSKOSTENSTELLE)	STUDIO 1	STUDIO 2	STUDIO 3
10.000,-			2.400,-	3.200,-	4.400,-
	50.000,-		12.500,-	16.666,67	20.833,33
		40.000,-	11.666,67	15.000,-	13.333,33

Verteilung der Kosten des technischen Services:
Die Kosten werden im Verhältnis der Mitarbeiter aufgeteilt, also 12 : 16 : 22.
Hierzu wird die Summer der Mitarbeiter gebildet → 50. Studio 1 erhält dann 12/50 der Kosten, Studio 2 16/50 usw.

Verteilung der Kosten des Marketings:
Die Kosten des Marketings werden nach dem Umsatz verteilt, da der Umsatz jedes Studios eng mit der Art und Weise, wie erfolgreich das Marketing arbeitet, zusammenhängt.
Summe des Umsatzes: 1.200.000,- Studio 1 erhält d ann 300/1.200 von 50.000,- , Studio 2 erhält 400/1.200 von 50.000,- usw. ;

Prüfregel: In der Summe muss die Spalte mit den Kosten je Kostenstelle wieder die Kosten der Hilfskostenstelle ergeben.

Die Kosten der Verwaltung werden analog zu oben umgelegt.

Kosten- und Leistungsrechnung für Fachwirte

Lösungen zu den Wissensfragen zu Kapitel 3.4

1) Die Divisionskalkulation ist die einfachste Form der Kalkulation und kann nur sinnvoll von Einproduktunternehmen angewendet werden. Der gesamte Kostenblock wird durch die gesamte Produktionsmenge geteilt, um den Preis zu kalkulieren.

2) Der Unterschied besteht darin, dass bei der Äquivalenzziffern-kalkulation auch bei Mehrproduktunternehmen angewendet werden kann, sofern die Produkte ähnlich sind und nur proportionale Unterschiede aufweisen.

3) Bei der Kalkulation mit Normalkosten sind außergewöhnliche Schwankungen eliminiert, es wird z.B. die durchschnittliche Mitgliederzahl genommen und nicht die Mitgliederzahl eines Monates, die z.B. durch ein Sonderangebot „künstlich" erhöht ist.

4) Plankosten haben den Vorteil, dass Sie die Veränderungen der Zukunft schon erfassen. Die Normalkosten sind Durchschnittskosten der Vergangenheit, Plankosten können hingegen z.B. die absehbare Lohnerhöhung der Mitarbeiter erfassen, die wäre in den Normalkosten nicht enthalten.

Lösungen zu den Übungsaufgaben zu Kapitel 3.4

1) a)
Vervollständigen Sie zunächst folgenden BAB der FitWorld GmbH (in):

MARKETING (HILFSKOSTENSTELLE)	VERWALTUNG (HILFSKOSTENSTELLE)	STUDIO 1 (480 MITGLIEDER)	STUDIO 2 (670 MITGLIEDER)
30.000,-		12.521,74	17.478,26
	20.000,-	8.000,-	12.000,-
SUMME		20.521,74	29.478,26

b) (in)

EINZELKOSTEN	STUDIO 1	STUDIO 2
GEHÄLTER	12.000,-	14.000,-
MIETE	5.000,-	6.000,-
SONSTIGES	1.000,-	3.000,-
SUMME EINZELKOSTEN	18.000,-	23.000,-

GESAMTKOSTEN	STUDIO 1	STUDIO 2
EINZELKOSTEN	18.000,-	33.000,-
GEMEINKOSTEN	20.521,74	29.478,26
GESAMTKOSTEN	38.521,74	62.478,26

KOSTEN JE MITGLIED	STUDIO 1	STUDIO 2
GESAMTKOSTEN	38.521,74	62.478,26
MITGLIEDER	480	670
KOSTEN JE MITGLIED	80,25	93,25

PREIS JE MITGLIED	STUDIO 1	STUDIO 2
KOSTEN JE MITGLIED	80,25	93,25
GEWINNZUSCHLAG (20%)	80,25 *0,2 = 16,05	93,25*0,2 = 18,65
NETTOPREIS JE MITGLIED	96,3	111,9

Kosten- und Leistungsrechnung für Fachwirte

2) Als Verhältnis können die Öffnungszeiten herangezogen werden.
Der Hausfrauentarif umfasst 8 Stunden, während der normale Tarif 15 Stunden der Öffnungszeiten umfasst.

Somit können die Kosten im Verhältnis von 8 : 15 umgelegt werden, gewichtet nach der Anzahl der Personen.

Hausfrauentarif:	100 P. * 8/23 =	34,78
Normal:	350 P. * 15/23 =	228,26
Gesamtmenge:		**263,04**

Die Gesamtkosten werden durch die (fiktive) Gesamtmenge geteilt:
22.000,- / 263,04 Mitglieder = 83,64 /Mitglied

Die Selbstkosten werden ermittelt, indem nun die Stückkosten mit den Äquivalenzziffern multipliziert werden:

Hausfrauentarif:	83,64 * 8/23 =	29,10
Normal:	83,64 * 15/23 =	54,54

Berechnung des Preises mit der Gewinnmarge:

In €	Hausfrauentarif	Normal
Stückkosten	29,10	54,54
Gewinnmarge (25 %)	7,28	13,64
Preis	36,38	68,18

3) a)

	Normalkosten
Gehälter	10.000,-
Miete	4.000,-
Marketing	2.000,-
Energie	1.000,-
Summe	17.000,-

Bisheriger Mitgliedsbeitrag:
Stückkosten: 17.000,- / 300 Mitglieder = 56,67 / Mitglied
Beitrag: 56,67*1,2 = 68,- /Mitglied

Hinweis: Den 20%igen Gewinnaufschlag können Sie einfach durch die Multiplikation mit 1,2 berechnen. (0,2 = 20 / 100 = 20 %)

Der bisherige Mitgliedsbeitrag beläuft sich auf 68,- /Mitglied.

b)

	Normalkosten	Plankosten
Gehälter	10.000,-	12.500,-
Miete	4.000,-	5.000,-
Marketing	2.000,-	3.000,-
Energie	1.000,-	1.400,-
Summe	17.000,-	21.900,-

Stückkosten: 21.900,- / 450 Mitglieder = 48,66 / Mitglied

Neuer Beitrag: 48,66 * 1,2 = 58,39 / Mitglied

c) Obwohl durch die verschiedenen Maßnahmen die monatlichen Kosten des Studios beträchtlich steigen, kann durch die gestiegene Auslastung der Mitgliedsbeitrag gesenkt werden, was zusätzlich dazu beitragen wird, dass die Mitgliederzahl steigt.

Lösungen zu den Wissensfragen zu Kapitel 4

1) Bei der progressiven Angebotskalkulation wird mit der Berechnung des Verkaufspreises immer mit dem Bezugspreis begonnen und „vorwärts" gerechnet! Bei der retrograden Kalkulation wird mit dem Verkaufspreis begonnen und „rückwärts" gerechnet.

2) Die progressive Kalkulation wird angewendet, wenn der Bezugspreis vorgegeben ist und nun ermittelt wird, zu welchem Verkaufspreis (Listenverkaufspreis) das Produkt angeboten werden soll. Die Rückwärtsrechnung der retrograden Kalkulation wird angewendet, wenn der Listenverkaufspreis vorgegeben ist (z.B. durch den Markt, dass das Produkt nicht mehr kosten darf, da sonst die Kunden zur Konkurrenz gehen). Bei der retrograden Kalkulation wird ermittelt, wie hoch die Bezugspreise höchstens sein dürfen.

3) Die Differenzkalkulation wird verwendet, um zu ermitteln, ob ein Produkt gewinnbringend verkauft werden kann, wenn beim Bezugspreis kein Verhandlungsspielraum besteht und der Verkaufspreis durch die Konkurrenz vorgegeben ist.

Lösungen zu den Übungsaufgaben zu Kapitel 4

1)

Listeneinkaufspreis	100,00	100 %	
- 20 % Liefererrabatt	20,00	20 %	
Zieleinkaufspreis	80,00	80 %	100%
- 3 % Liefererskonto	2,40		3 %
Bareinkaufspreis	77,60		97 %
+ Bezugskosten	5,00		
Bezugspreis	82,60	100 %	
+ Handlungskosten	41,30	50 %	
Selbstkosten	123,90	150 %	100 %
+ Gewinnzuschlag	24,78		20 %
Barverkaufpreis	148,68	98%	120 %
+ Vertreterprovision		0 %	
+ Kundenskonto	3,03	2 %	
Zielverkaufspreis	151,71	100 %	90 %
+ Kundenrabatt	16,78		10 %
Listenverkaufspreis netto	168,49		100 %

Hinweise:
Wie berechnet sich das Kundenskonto?
Das Kundenskonto beträgt 2 %. Möchte der Kunde sein Skonto ausrechnen, so würde er ausgehend vom Verkaufspreis 2 % abziehen. Da in der Kalkulation aber auf den Verkaufspreis

Kosten- und Leistungsrechnung für Fachwirte

hingerechnet wird, be-rechnet sich das Kundenskonto basierend auf dem Barverkaufspreis, was 98 % des Verkaufspreises entspricht (ohne 2 % Skonto).
Das Skonto berechnet sich damit:
Barverkaufspreis * 2 / 98 =
148,68 * 2/98 = 3,03

Analog gilt dies für den Kundenrabatt (10 %):
Zielverkaufspreis * 10 / 90 =
151,71 * 10 / 90 = 16,86

2)

Listeneinkaufspreis	277,70	100 %	
- 20 % Liefererrabatt	55,54	20 %	
Zieleinkaufspreis	222,16	80 %	100 %
- 3 % Liefererskonto	6,66		3 %
Bareinkaufspreis	215,50		97 %
+ Bezugskosten	5,00		
Bezugspreis	220,50	100 %	
+ Handlungskosten	110,25	50 %	
Selbstkosten	330,75	150 %	100 %
+ Gewinnzuschlag	66,15		20 %
Barverkaufpreis	396,90	98 %	120 %
+ Vertreterprovision	0,00	0 %	
+ Kundenskonto	8,10	2 %	
Zielverkaufspreis	405,00	100 %	90 %
+ Kundenrabatt	45,00		10 %
Listenverkaufspreis netto	450,00		100 %

Kosten- und Leistungsrechnung für Fachwirte

Lösungen zu den Wissensfragen zu Kapitel 5

1) Der wesentliche Unterschied zwischen der Teilkostenrechnung und der Vollkostenrechnung besteht darin, dass in der Teilkostenrechnung die fixen Gemeinkosten nicht in die Zuschlagsätze mit eingehen, sondern sämtliche Fixkosten zusammengefasst werden und in der Kostenträgerzeitrechnung von der Summe der Deckungsbeiträge abgezogen werden.

2) In der einstufigen Deckungsbeitragsrechnung werden die Kosten in der Kostenartenrechnung in variable und fixe Anteile aufgeteilt. Die Fixkosten werden in einem Block zusammengefasst und nicht weiter differenziert. In der Kostenstellenrechnung werden die Zuschlagsätze nur für die variablen Gemeinkosten ermittelt. In der Kostenträgerrechnung werden die Fixkosten von der Summe der Deckungsbeiträge abgezogen, um das Nettoergebnis zu erhalten.

3) In der mehrstufigen Deckungsbeitragsrechnung erfährt der Fixkostenblock eine nähere Differenzierung. Es wird im Allgemeinen zwischen Erzeugnisfixkosten, Erzeugnisgruppenfixkosten, Bereichsfixkosten und Unternehmensfixkosten unterschieden.

4)
- Break-even - Analyse
- Preisuntergrenzen & Zusatzaufträge
- Engpassrechnung (optimales Produktionsprogramm)
- Eigenfertigung / Fremdbezug
- Investitionsentscheidungen

5) Der Break-even-Punkt ist der Schnittpunkt zwischen der Erlöskurve und der Kostenkurve. An diesem Punkt hat das Unternehmen die Gewinnschwelle erreicht, d.h. ab dem nächsten verkauften Produkt macht das Unternehmen Gewinn. Die Break-even-Menge ist die Absatzmenge, mit der die Gewinnschwelle erreicht wird.

6) Die kurzfristige Preisuntergrenze sind die variablen Kosten, da die Fixkosten sich kurzfristig nicht abbauen lassen. Jeder Preis, der über den variablen Kosten liegt, liefert somit einen Deckungsbeitrag zur Deckung der Fixkosten.

7)
- Abhängigkeitsverhältnis von möglichen Lieferanten
- unterschiedliche Zuverlässigkeit in Bezug auf Termintreue und Qualität der Lieferanten
- zusätzliche Fixkosten bei der Eigenfertigung durch Erweiterungs-investitionen
- Kapitalbindung durch Investitionen bei der Eigenfertigung
- Aufbau eines zusätzlichen Personalbestandes durch die Eigen-fertigung

Lösungen zu den Übungsaufgaben zu Kapitel 5:

1)
Zuerst werden die Herstellkosten (variable Kosten) pro Stück kalkuliert:

MEK	300,-
+ MGK (20 %)	60,-
+ FEK	250,-
+ FGK (50 %)	125,-
HK	835,-

Die Herstellkosten entsprechen den variablen Kosten. Somit ergibt sich ein Deckungsbeitrag pro Stück von:

Verkaufspreis	1.000,-
- variable Kosten	835,-
Deckungsbeitrag/Stück (db)	165,-

Im ersten Quartal ergibt sich ein Gesamtdeckungsbeitrag (DB) von:
Ausbringungsmenge * db = DB
150 St. * 165,- /St. = 24.750,-

Das Nettoergebnis ergibt sich aus:

Gesamtdeckungsbeitrag:	24.750,-
- Fixkosten:	10.000,-
Nettoergebnis:	**14.750,-**

b) Break-even Menge = Fixkosten / Stückdeckungsbeitrag
10.000,- / 165 /St. = 60,6 Stück

Die Break-even-Menge liegt bei 61 (gerundet) verkauften Mountain-Bikes.

2)
a)

	Mountain-Bike		Stadtfahrrad	
	Pegasus	Ikarus	Alpha	Omega
Umsatzerlöse	80.000,-	72.000,-	15.000,-	3.000,-
- Variable Kosten	52.000,-	51.700,-	9.000,-	2.500,-
Deckungsbeitrag I	28.000,-	20.300,-	6.000,-	500,-
- Erzeugnis-fixkosten	3.000,-	3.000,-	3.000,-	3.000,-
	25.000,-	17.300,-	3.000,-	- 2.500,-
Deckungs- beitrag II	42.300,-		500,-	
- Erzeugnis-gruppenfix-kosten	5.000,-		2.000,-	
	37.300,-		- 1.500,-	
Deckungs-beitrag III	35.800,-			
- Unternehmens-fixkosten	10.000,-			
Nettoergebnis	25.800,-			

b) Das Stadtfahrrad „Omega" ist das Sorgenkind der Produktpalette, da es nicht einmal die erzeugnisabhängigen Fixkosten abdeckt. Die Produktgruppe „Stadtfahrrad" würde ohne Omega ein besseres Ergebnis liefern. Die Bike GmbH hat folgende Handlungsalternativen bezüglich Omega:
- Produktion einstellen
- prüfen, ob ein höherer Preis durchsetzbar ist
- prüfen, ob variable oder fixe Kosten gesenkt werden können

3)
$$K_{fix} + k_{var} * x = p_{Bezug} * x$$

Kosten- und Leistungsrechnung für Fachwirte

⇔   *20.000,- + 40,- /St. * x = 80,- /St. * x*

⇔   *20.000,- = 40,- /St. * x*

⇔   *x = 500 St.*

Ab einer Menge von 500 Stück ist die Eigenfertigung günstiger.

4)
Break-even-Menge:
400.000,- / 55,- /St. = 7.272,7 St.
Die AG muss zusätzlich 7.273 Bälle verkaufen.

Notizen: